왜 칸트인가

왜 칸트인가

서가명강 05

인류 정신사를 완전히 뒤바꾼
코페르니쿠스적 전회

김상환 지음

서울대학교
철학과 교수

21세기북스

자연과학

自然科學, **Natural Science**

과학, 수학, 화학, 물리학,
생물학, 천문학, 공학, 의학

사회과학

社會科學, **Social Science**

경영학, 심리학, 법학, 정치학,
외교학, 경제학, 사회학

예술

藝術, **Arts**

음악, 미술, 무용

철학

哲學, **Philosophy**

인문학

人文學, **Humanities**

언어학, 역사학, 종교학,
문학, 고고학, 미학, 철학

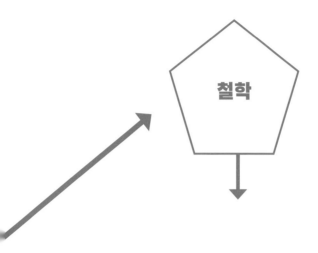

철학이란?
哲學, philosophy

인간과 세계가 제기하는 근본적인 문제들을 이성적으로 탐구하는 학문이다.
철학은 우리가 일상적 삶에서 당연하고 자명한 것으로 믿고 있는 전제들과
각 분과 학문에서 사용되고 있는 기본 개념 및 원리들을 비판적으로
검토하면서 우리의 삶과 학문들의 토대에 대한 반성을 추구한다. 철학이
'근본학(根本學)'으로 불리는 이유가 여기에 있다. 철학은 각 학문이 서로
어떤 관계를 맺고 있으며 이러한 관계를 통해 드러나는 세계 전체의 모습이
어떤 것인가에 대한 총체적 이해를 모색한다.

이 책을 읽기 전에 주요 키워드

경건주의(pietism)

17세기 말에 독일에서 일어난 교회 개혁 운동의 총칭으로, 루터의 이념으로 되돌아가 초기 기독교회의 경건한 신앙을 현대에 부활시킬 것을 목표로 했다.

독일관념론(German Idealism)

정신, 이성, 이념 따위를 본질적인 것으로 보고, 이를 통해 물질적 현상을 밝히려는 사상으로, 18세기 말~19세기 중엽 독일을 중심으로 전개되었다. 칸트를 시작으로 피히테, 셸링으로 이어져 헤겔에 이르러 정점을 이루었다.

현상학(phenomenology)

후설을 중심으로 셸러, 하이데거 등의 현상학파가 주도한 사상으로 의식에 나타난 현상을 사변적 구성을 떠나서 충실히 포착하고, 그 본질을 직관에 의해 파악 및 기술한다.

실존주의(existentialism)

19세기 중엽 키르케고르를 시작으로 독일과 프랑스를 중심으로 일어난 사상이다. 주체적 존재로서의 인간에 주목하여 개인이 가진 실존적 의미를 찾고 이를 자신의 삶에 체화하여 삶의 방식을 바꾸는 것을 주장했다.

회의론(scepticism)

인간의 인식을 주관적, 상대적이라고 보아 진리의 절대성을 의심하고 궁극적인 판단을 하지 않으려는 태도를 말한다.

합리론(rationalism)

비합리적이고 우연적인 것을 배재하고 이성적, 논리적, 필연적인 것을 중시하는 철학적 태도로, 이성을 통해 진리를 파악할 수 있다고 본다. 대표 학자로 데카르트, 스피노자, 라이프니츠가 있으며 모든 지식은 감각 경험에서 비롯된다고 보는 경험론의 반대 입장을 취한다.

실증주의(positivism)

초월적, 형이상학적 사변을 배격하고 관찰 및 실험 등 과학적 탐구를 강조한 철학적 경향으로, 19세기 후반에 서유럽에서 발전하여 20세기 영미철학의 토대를 마련했다.

보편수리학(mathesis universalis)

피타고라스나 플라톤에서 시작된 사상 전통으로, 세계는 신의 완전한 수학적 설계에 기초하여 창조되었다고 보며 모든 존재자의 관계적 규정을 수적인 것으로 간주한다. 이후 데카르트와 라이프니츠에 의해 모든 수학의 바탕에 있는 기초 학문으로 수립된다.

변증법(dialectic)

동일률을 근본 원리로 하는 형식 논리와 달리 모순 또는 대립을 근본 원리로 하여 사물의 운동을 설명하려는 논리로 인식이나 사물은 정(正), 반(反), 합(合) 3단계를 거쳐 전개된다고 보았다.

해체론(deconstruction)

플라톤 이래 서구 형이상학을 비판하고 이를 해체하고자 한 사상으로, 서양 문화의 근간, 서양 사상사 전체에 감추어진 모순을 발견하고 그 한계를 전복 및 극복하려고 했다.

자연 신학(natural theology)

신의 존재 및 그 진리의 근거를 초자연적인 계시나 기적에서 구하지 않고, 인간 이성의 능력이 인식할 수 있는 자연적인 것에서 구하는 학문적 체계를 말한다.

차례

1부 칸트의 인지 혁명 - 마음 모델의 혁신
『순수이성비판』

2부 칸트의 윤리 혁명 - 덕 윤리에서 의무의 윤리로
『실천이성비판』

"오늘의 수많은 사상과 사조는
칸트가 발견한 대지 위에 있다."

철학사는 왜 칸트 이전과 이후로 나뉘는가

인류 정신사를 뒤바꾼 칸트의 3대 비판서

서양철학사에서 가장 위대한 철학자를 꼽으라면 칸트를 빼놓을 수 없다. 칸트는 플라톤, 아리스토텔레스, 데카르트, 헤겔과 더불어 서양철학사의 5대 천왕에 속한다. 이 5대 천왕 중에서 단 한 명만 꼽아야 한다면 많은 경우 칸트는 플라톤과 경쟁하면서 정상을 다툴 것이다. 칸트는 그만큼 서양 사상사에 중요한 위치를 점한다.

우리는 앞으로 칸트 사상의 근간을 소개하되 그가 서양 사상사에 가져온 혁명적 변화에 초점을 맞출 것이다. 서양철학사는 칸트에 의해 어떻게 달라졌는가? 칸트 이전의 철학과 칸트 이후의 철학은 어떠한 대조를 이루는가? 이것이 이번 강의 전반을 끌고 가는 주도 물음이다. 이것은 서양 사상사에서 칸트가 만들어놓은 근대성의 문턱 자체에 대한 물음이기도 하다.

칸트 철학 전체는 3대 비판서를 기본 골격으로 한다. 첫 번째 비판서는 『순수이성비판』(1781)이다. 이 저작은 이론 이성을 해부하면서 인식의 문제를 규명한다. 두 번째 비판서는 『실천이성비판』(1788)이다. 이 저작은 실천 이성을 해부하면서 윤리의 문제를 규명한다. 세 번째 비판서는 『판단력비판』(1790)이다. 이 저작은 '반성적' 판단력이 요구되는 두 영역, 다시 말해서 심미적 체험의 세계와 생명체의 세계를 다룬다.

칸트는 이 저작들을 통해 복수의 철학 혁명을 가져왔다. 인식론, 윤리학, 미학, 자연관 각각에서 엄청난 변화를 일으켰다. 그 변화는 천문학에서 코페르니쿠스가 가져온 변화에 비유되곤 한다. 코페르니쿠스는 이전의 사람들이 지구를 중심으로 태양이 돈다고 보았던 것과 반대로 태양을 중심으로 지구가 돈다는 관점을 제시하여 과학사에 일대 혁신을 가져왔다.

우리는 앞으로 이와 유사한 관점의 변화가 칸트의 3대

비판서 각각을 통해 어떻게 일어나는지 알아볼 것이다. 미리 언급해두자면 그것은 다음과 같이 정리할 수 있다.

먼저 『순수이성비판』에서 칸트는 주체와 대상의 관계를 전도시켰다. 칸트 이전에는 인식의 출발점에 대상이 있고 주체는 그 대상을 수동적으로 비추는 거울로 간주되었다. 그러나 칸트는 인식을 주체의 능동적 종합의 산물로 보았다. 인식의 중심에는 대상이 있는 것이 아니라 주체가 있다는 것이다.

칸트는 인식의 발생 조건을 주체의 내면에서 찾았고, 마음에 대한 새로운 모델을 수립하여 근대 과학에 부합하는 인식론을 구축했다. 칸트가 제시한 모델은 오늘날의 인공지능이 설정하는 인지 모델과 매우 흡사하여 놀라움을 준다.

다음으로 칸트는 『실천이성비판』에서 '덕' 윤리를 '의무'의 윤리로 전도시킨다. 덕 윤리의 중심에는 선善 개념이 있고 그 둘레를 도덕법칙이 회전한다. 반면 의무의 윤리에서는 도덕법칙이 중심을 차지하고 그 둘레를 선 개념이 회전한다.

덕 윤리는 '나는 어떻게 살아야 하는가?'라는 물음에 의해 주도된다. 반면 의무의 윤리는 '나는 무엇을 해야 하는가?'라는 물음을 근본으로 한다. 덕 윤리는 고대 윤리를, 의무의 윤리는 근대 윤리를 대변한다. 덕 윤리는 종교에 한없이 가까워지지만, 의무의 윤리는 법적 추론과 유사해진다.

『판단력비판』은 두 부분으로 구성되어 있다. 전반부는 취미 판단을 분석한다. 취미 판단이란 아름다움을 감식하고 향유하는 판단이다. 요즘의 말로 바꾸자면 심미적 판단의 일종이다. 이 세상에는 심미적 취향만큼 주관적이고 개인마다 독특한 것도 별로 없을 것이다. 그러나 칸트는 취미 판단의 보편적이고 필연적인 타당성을 입증하여 근대 예술을 정초定礎한다.

『판단력비판』 후반부는 유기체가 요구하는 목적론적 판단을 분석한다. 갈릴레오, 데카르트, 뉴턴에 의해 확립된 근대 과학은 자연 현상이 모두 기계론적 법칙에 따른다고 본다. 그러나 어느 시점부터 자연은 기계가 아니라 살아 있는 유기체라는 생각이 대두되었다. 칸트는 기계론적 자연관이 지배하던 시대에 유기체적 자연관의 가능성을 정초하여 이후 도래할 낭만주의적 자연관에 길을 열어주었다.

여기서 사용한 '정초한다'는 말은 어떤 하나의 사실에 대해 그것이 보편성을 주장할 권리를 입증해준다는 것을 말한다. 크게 보면 칸트의 비판철학critical philosophy은 이런 권리 증명으로서의 정초 작업에 해당한다. 칸트적인 의미의 '비판'이란 정초이고, 정초란 특정 사실에 대해 보편적 타당성을 주장할 범위를 설정해주는 일이다. 이는 영토를 제공한다는 것과 같다.

가령 자녀들이 결혼할 때 부모가 집을 장만해주는 것도 정초의 사례가 될 수 있다. 가정생활 일반을 영위할 수 있는 기본적인 근거를 마련해주는 것이기 때문이다. 결혼 당사자들이 직접 집을 마련한다면 그것은 자기정초에 해당한다. 정초란 그 분야의 고유한 영토를 보장하는 것과 같다.

칸트는 세 비판서를 통해 근대 과학, 근대 윤리, 근대 예술을 정초했다. 그리고 이후 도래할 유기체적 자연관을 정초했다.

칸트, 철학사의 콜럼버스

우리가 강조하고자 하는 것은 이런 정초 작업에 의해 일어나게 된 복수의 코페르니쿠스적 전회들이다. 칸트의 비판철학이 서양 사상사에서 불러일으킨 혁명적인 변화는 무엇인가? 이것이 우리의 강의를 끌고 가는 기본 물음이다.

이런 물음을 던지는 것은 이미 지나간 과거의 철학적 논쟁에 동참하기 위해서가 아니다.

칸트가 이론철학, 실천철학, 예술철학, 자연관에서 가져온 각각의 전회를 되짚어보는 것은 오히려 칸트의 현재적 의미를 부각하기 위해서다. 칸트가 오늘날 우리에게 시사하는 바는 무엇인가? 앞으로 다가올 미래에는 어떻게 적용할 수 있는가? 이런 문제를 함께 고민하기 위해서인 것이다.

칸트가 서양철학사에서 차지하는 거대한 위상과 그가 일으킨 위대한 변화를 표현하는 많은 말들 중에서 가장 대표적인 것은 호수의 비유다.

칸트 이전의 모든 철학은 칸트라는 큰 호수로 들어오고,
칸트 이후의 모든 철학은 칸트에서 시작된 물줄기다.

이는 과거의 서양 사상이 칸트를 중심으로 모두 모였다가 다시 칸트에서부터 여러 갈래로 뻗어나간다는 것을 말한다. 또한 척추의 비유도 있다. 우리 신체에서 척추는 두뇌와 사지四肢의 중간에 자리하면서 온몸의 운동을 관장한다. 칸트는 서양철학사에서 그런 척추와 같은 위치에 있다

고 평가된다. 고대적인 지혜와 현대적인 사유를 중간에서 연결해주고 있다는 것이다.

나로서는 칸트의 이름 앞에 '모범 답안'이라는 수식어를 붙이고 싶다. 칸트는 서양철학이 다루는 거의 모든 문제에 대해 자신의 입장을 개진했는데, 그 분석이나 결론이 비록 정답은 아닐지언정 적어도 모범 답안이라고 부르기에는 충분하기 때문이다.

물론 칸트를 포함하여 과거의 어떤 철학도 오늘의 우리에게 정답이 될 수는 없다. 정답이라는 것은 그때그때의 상황이나 문맥에 부합해야 하므로 시대나 지역에 따라 달라질 수밖에 없다. 칸트도 이런 사정에서는 예외일 수 없다. 그러나 자신의 시대에 제기되는 철학적 물음과 싸우는 사람들에게 칸트는 적어도 그들이 참고할 가장 균형 잡힌 답안을 내놓은 철학자라 할 수 있다.

이밖에도 칸트를 '철학의 코페르니쿠스' 혹은 '철학의 콜럼버스'라고 부를 수 있다. 칸트는 철학사에 거대한 전회를 이루어냈다는 의미에서 코페르니쿠스에 비유된다. 또한 칸트는 과거의 철학자들에게는 알려지지 않았던 미지의 영토, 철학의 신대륙이라고 부를 만한 새로운 영토를 발견했다는 의미에서 철학의 콜럼버스라고도 할 수 있다.

칸트 이후 오늘날까지 철학사를 수놓은 많은 사상들, 의미 있는 철학 사조는 대부분 칸트가 발견한 대지 위에서 전개되었다고 할 수 있다. 칸트의 용어로 말하자면 '초월론적 transcendental' 차원 위에서 전개된 것이다.

서양 주체ego cogito의 역사에서 초월론적 차원의 발견은 이후 프로이트에 의한 무의식의 발견과 더불어 쌍벽을 이룬다. 현대 사상사의 한 가지 중요한 과제는 초월론적인 차원과 무의식적 차원을 결합하는 데 있다. 정신분석에서는 라캉의 무의식 이론이, 철학에서는 들뢰즈의 초월론적 경험론이 그런 종합의 주요 사례가 된다.

사실 내가 칸트 전공자가 아님에도 칸트를 계속 읽고 가르쳐야 했던 이유는 여기에 있다. 현대 프랑스 철학은 칸트와 그 이후의 독일관념론에 대한 깊은 이해가 없다면 그 중심으로 다가설 수 없다. 현대 프랑스 철학은 한편으로는 구조주의 시대의 인간과학(언어학, 인류학, 정신분석, 문학비평)을 왕성하게 소화하면서, 다른 한편으로는 19세기 독일 철학을 창조적으로 재전유하면서 서양철학사의 새 장을 열어젖혔다. 라캉, 푸코, 데리다, 들뢰즈, 리오타르 등은 칸트를 현대적으로 계승하는 가장 눈부신 사례들이다.

나는 철학 입문 강의에서도 칸트가 발휘하는 놀라운 효력을 일찍부터 실감했다. 칸트의 3대 비판서를 중심에 놓고 가르칠 때 학생들이 가장 열렬한 반응을 보였던 것이다. 그 이유는 무엇일까? 일단 이론철학, 실천철학, 예술철학을 균형 있게 골고루 소개할 수 있다는 점에서 이유를 찾을 수 있다. 그러나 이것만이 전부는 아닐 것이다. 아마 칸트가 철학의 근대적 정체성을 확립한 철학자라는 점에서, 그러나 무엇보다 인간 사고의 다양한 층위를 분석하면서 근대인에게 생각한다는 것이 무엇인지를 가르친 위대한 스승이라는 점에서 보다 큰 이유를 찾아야 할 것이다.

그동안 학생들과 나누었던 잔잔한 감동이 이제는 학교 밖 독자들에게도 전달될 수 있기를 바라면서 강의 노트를 감히 책으로 정리하여 세상에 내놓는다. 강의실의 초롱초롱했던 눈빛의 주인공들에게 감사하며, 강호제현의 질정을 기다릴 뿐이다.

2019년 6월
김상환

1부_____

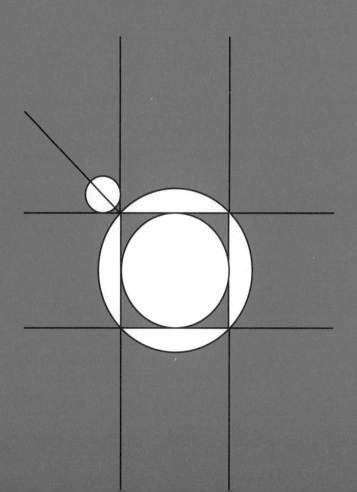

칸트의 인지 혁명 -

마음 모델의 혁신

『순수이성비판』

칸트는 철학의 고유한 영토를 발견한 철학의 콜럼버스다. 칸트가 『순수이성비판』을 통해 이룬 코페르니쿠스적 전회는 서양철학사를 넘어 인류 정신사를 칸트 이전과 이후로 나누었다. 칸트의 인식론은 여전히 현대 사상의 근간을 이루고 있다.

대상 중심의 철학에서
주체 중심의 철학으로

첫 번째 코페르니쿠스적 전회

이 책의 논의 전체를 끌고 가는 굵직한 물음은 앞에서도 강조했듯이 칸트가 서양철학사에 가져온 혁신에 있다. 서양철학사는 칸트에 의해 어떻게, 얼마만큼 변화했는가? 바로 이 물음에 따라 칸트의 3대 비판서를 재구성해보고자 하는 것이 이 책의 기본 의도다.

그런데 구성하거나 재구성한다는 것은 언제나 어떤 방법을 전제하고, 이때 방법은 방향이나 구도를 표시하는 도식을 요구한다. 우리는 앞으로 칸트가 세 비판서를 통해 이루어낸 놀라운 혁신들 각각을 '코페르니쿠스적 전회'의 도식으로 집약해볼 예정이다.

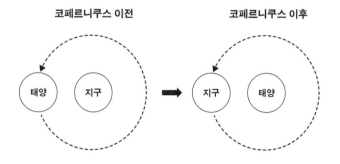

코페르니쿠스가 주장한 지동설은 과학사에서 혁명적인 사건이었다. 이를 '코페르니쿠스적 혁명' 또는 '코페르니쿠스적 전회'라고 부른다.

근대 과학의 출발점에는 천동설을 뒤집어 지동설을 제시한 코페르니쿠스가 있다. 이런 코페르니쿠스적 전회를 도식화하면 위와 같이 그려볼 수 있다.

칸트가 세 비판서를 통해 일으킨 4가지 혁신도 모두 이와 유사한 도식으로 그려볼 수 있다. 코페르니쿠스적 혁명은 태양과 지구의 관계가 전도되는 사건이었다.

칸트의 인식론은 주체와 대상의 관계를 코페르니쿠스처럼 바꾸어놓으면서 시작한다. 칸트 윤리학은 선과 법의 관계를, 칸트의 미학은 개체와 보편자의 관계를 유사한 방식으로 뒤집으면서 출발한다. 칸트는 원인과 결과의 관계를 과거와 다르게 설정하면서 기계론적 자연관에 유기체적 자연관을 마주 세운다. 우리는 앞으로 칸트 철학이 불러일으킨 이런 4가지 코페르니쿠스적 전회를 차례로 검토해 갈 예정이다.

가장 먼저 검토할 것은 칸트의 『순수이성비판』이 가져온 인식론적 혁명이다. 인식론과 거기에 기초한 형이상학은 진리의 문제를 다룬다. '진선미真善美'라는 말이 있듯이 서양철학에서 진리의 문제를 다루는 이론철학은 제1철학으로 간주된다. 그리고 선의 문제를 다루는 실천철학은 제2철학으로, 미의 문제를 다루는 예술철학은 제3철학으로 분류된다.

『순수이성비판』은 진리 인식의 문제를 다루는 제1철학과 관련된 책이고, 따라서 칸트 철학 전체의 초석에 해당한다. 우리가 칸트의 3대 비판서 중에서 이 저작을 가장 먼저 다루는 이유는 여기에 있다.

칸트가 『순수이성비판』을 통해 이루어낸 불멸의 업적은 초월론적 차원을 발견 및 규명했다는 데 있다. 많은 경우 이 저작은 대상 중심의 인식론을 주체 중심의 인식론으로 바꾸어놓았다고 평가된다.

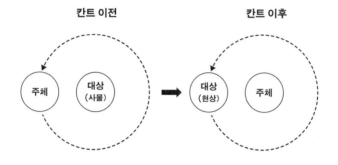

칸트의 인식론 혁명은 주체와 대상의 위치를 바꾸는 코페르니쿠스적 전회를 통해 인류 정신사의 위대한 발견을 이룬다.

    그러나 엄밀히 말하자면 이런 전도는 이미 '사유하는 주체'를 철학의 제1원리로 삼았던 데카르트에 의해 시작되었다. 하지만 주체 중심의 인식론에 완결된 형식을 부여한 것은 칸트다. 칸트는 사유하는 주체 내부에서 초월론적 차원을 발견하여 주체 중심의 근대 인식론을 완성했다.

    데카르트와 칸트 이전의 인식론에서 주체는 2차적인 지위에 머문다. 여기서는 대상, 더 정확히 말해서 '사물 자체'가 인식의 출발점이자 중심이고 그 둘레를 주체가 행성처럼 회전한다. 반면 데카르트와 칸트, 나아가 그 이후 서양

철학사의 주류가 된 독일관념론, 현상학, 실존주의 같은 철학에서는 전혀 반대다. 주체가 항성으로 자리하고 대상이 행성이 되어 그 둘레를 회전한다. 이런 변화를 그림으로 표현한 것이 앞의 도식이다.

대상 우위에서 주체 우위로

칸트 이전의 인식론에서 대상은 '사물 자체'에 해당한다. 대상은 그 자체로 완결된 형상을 지니면서 주체에 앞서, 그리고 주체와 독립해서 존재한다. 주체가 대상을 인식하든 말든 관계없이 그 자체로 있는 것이다. 이때 인식은 대상을 비추는 일에 불과하다. 마치 거울이 사물을 비추는 것처럼 마음이 대상을 반사하는 가운데 인식이 이루어진다. 인식은 표상(재현)이되 표상은 반사, 반영, 모사와 같다. 요컨대 칸트 이전의 인식론에서는 마음의 모델을 거울에 두었다.

특히 고대인들은 마음을 거울과 유사한 어떤 것으로 간주했다. 그런데 거울을 모델로 마음을 이해할 때는 인식과 관련된 모든 문제가 '깨끗하게 되기(정화)'의 문제로 귀착한다. 깨끗한 마음을 회복하는 것, 그것이 사물을 있는 그대로 재현할 수 있는 일차적 조건이 된다.

반면 마음이 탐욕이나 편견에 의해 더럽혀져 있으면 어떻게 되는가? 당연히 마음에 비추어지는 사물의 형상이 일그러질 수밖에 없다. 고대인은 인간이 빠져드는 모든 오류와 죄악은 여기서 연유한다고 보았다.

따라서 동양이든 서양이든 고대인에게 배운다는 것은 (쌓는다는 것 못지않게) 닦는다는 것과 같았다. 진선미를 깨닫고 향유하는 길은 마음의 때를 씻어내어 본래의 순수함을 회복하는 데 있었다. 학문을 한다는 것, 그것은 마음을 닦는 일이요, 그런 한에서 도덕적 수련과 괘를 같이 했다.

마음을 깨끗이 해야 사물을 있는 그대로 볼 수 있다는 생각은 서양에서 피타고라스와 플라톤에 의해 특히 강조되었다. 이들은 마음의 정제整齊가 사물을 정시正視하기 위한 예비적 조건일 뿐만 아니라 바르게 살아가기 위한 조건임을 역설했다. 학문과 실천 모두가 마음공부로 귀착된다는 것이다.

새로운 마음의 모델 – 표상생성장치

마음을 거울에 비유하는 전통에서는 참과 거짓의 기준을 대상에 둔다. 마음속에 있는 표상이나 그것을 표현하는 말이 참이기 위한 조건을 대상과 일치하는지의 여부에서 찾는 것이다.

여기서 나온 인식론을 일컬어 진리 대응설[1]이라 한다. 이 이론에 따르면 우리의 생각이나 말은 대상과 일치할수록 참되다. 반면 대상이 없는데 있는 것처럼 말하거나 원래의 대상과 다르게 말하면 거짓이 된다.

진리의 기준은 사물 자체에 있으며 진리의 정도는 정확성에 비례한다. 가령 세모난 특정 대상을 두고 여러 사람이 삼각형이라 말해도 여기에는 차이가 있을 수 있다. 대충 삼각형인 정도가 아니라 어떠한 유형의 삼각형이고, 어떠한 크기의 삼각형이며, 어디에 있는 삼각형인지 등을 자세히 규정할수록 참됨의 정도가 달라진다. 세부에 이르기까지 엄밀하게 대상을 재현하느냐의 여부, 다시 말해서 정확성의 정도가 진리의 등급을 결정하는 척도인 것이다.

그러나 칸트에게서는 모든 것이 달라진다. 여기서는 대상이 아니라 주체가 우위를 차지한다. 왜냐하면 지각은 물론 대상 자체의 성립 조건이 주체에 있기 때문이다. 이제 대상은 주체와 무관하게 존재하는 사물 자체일 수 없다. 대상은 오로지 주체와의 관계에서만 대상으로서 나타날 수 있는 것, 다시 말해서 현상에 불과하다.

이런 변화는 마음 모델의 혁신에서 비롯된다. 칸트에게 마음은 더 이상 거울이 아니라 어떤 기능들의 집합체다. 마음은 감성, 상상, 기억, 지성, 이성과 같은 여러 인식능력들로 이루어진 어떤 장치물과 같다.

이 장치물은 그저 수동적으로 대상을 반사하기만 하는 기계가 아니다. 대상을 적극적으로 종합해내는 정보처리 기계 혹은 표상을 능동적으로 생성해내는 정보발생장치와 유사하다.

새로운 마음 모델에 기초한 칸트의 인식론은 참과 거짓의 기준을 대상에서 주체로 가져온다. 이제 주체가 대상을 원래대로 반영하는지의 여부가 아니라 주체 내의 인식능력들이 제대로 작동하는지의 여부에 따라서 표상의 참과 거짓이 결정된다.

과거에 진리란 대상과의 일치 여부, 즉 정확성에 있었다. 그러나 이제 궁극적으로 중요한 것은 마음의 활력이다. 표상을 생산하고 대상을 구성하는 인식능력들의 원활한 기능과 자유로운 유희 가능성에 진리가 진리일 수 있는 마지막 조건이 있는 것이다.

세계는 우리에게 어떻게 나타나는가

『순수이성비판』은 세상이 그 자체로 존재하는 모습이 아니라 그것이 우리에게 나타나는 방식을 문제 삼는다. 칸트는 이 문제를 마음을 해부하면서 풀어간다. 마음은 도대체 어떻게 작동하는가? 마음에 구비된 인식능력들로는 어떤 것들이 있는가? 그 능력들 각각의 기능은 무엇이며, 어떻게 조화를 이루면서 표상을 생산해내는가?

칸트는 이런 질문에 답하기 위해 지면의 대부분을 할애한다. 『순수이성비판』에 담긴 인식론의 근간은 인식의 메커니즘을 통해 세상이 우리에게 나타나는 방식을 기술하는 데 있다. 이 메커니즘 전체는 다음과 같은 도식으로 요약할 수 있다.

이 도식에서 현상을 표시하는 중간 부분부터 주목해보자. 현상이란 우리에게 나타나는 것들을 말한다. 지금 나타나면서 보이고 들리는 구체적 경험의 세계 전체가 바로 현상계phenomena다. 그런데 현상계는 내용과 형식이라는 두 측면을 지닌다. 서양철학사에서는 아리스토텔레스가 사물을 형상과 질료의 결합체로 정의한 이후 대상은 언제나 형식과 내용이라는 이분법 아래 정의되어 왔다.

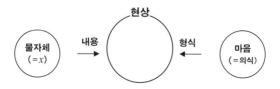

칸트는 우리 눈앞에 나타나는 현상계가 사물 그 자체의 모습이 그대로 드러나는 것이
아니라, 사물과 그 사물을 인식하는 우리의 마음이 합쳐져 나타나는 것임을 처음으로
주장했다.

그럼 현상의 내용은 어디서 오는가? 그것은 현상계 배
후에 있는 물자체에서 온다. 물자체는 대상이 주체에게 나
타나기 이전의 사물 자체를 말한다. 이것은 인간으로서는
알 수 없는 x다. 물자체에는 우리가 알 수 있는 것이라곤 아
무것도 없다. 가령 거기에는 시간과 공간이 없다. 뿐만 아
니라 우리가 현상계에서 발견하는 어떤 규칙이나 질서도
없다. 물자체는 현상계에 있는 주체로서는 상상조차 할 수
도 없는 영역이다.[2]

그럼 현상계에서 경험되는 형식적 질서는 어디서 오는
가? 그것은 도식 오른편에 있는 주체의 마음에서 온다. 3차
원적인 공간이나 시간적인 질서, 인과적 질서나 그 밖의 합

리적 질서는 모두 주체 안에 있는 인식능력들에 의해 부과된 어떤 형식들이다. 세상이 인간에게 현상하고 개별적인 대상이 우리에게 나타나는 형식은 의식 내부에 '선험적으로' 주어져 있다는 것인데, 바로 이 점이 칸트가 제1철학에서 가져온 코페르니쿠스적 혁명의 핵심이다.

우리는 이 점을 컴퓨터를 예로 들어 설명할 수 있다. 가령 컴퓨터에는 정보가 시청각적으로 구현되는 스크린이 있다. 칸트적인 의미의 현상계는 그 스크린에 해당한다. 특정한 시공간적 형식에 따라 정보가 재현되는 스크린이 현상계다. 그렇다면 스크린에 어떤 시청각적인 표상이 나타나기 위한 조건은 무엇인가? 먼저 입력된 내용이 있어야 한다. 기억장치에 아무런 내용도 저장되어 있지 않다면 스크린에는 아무것도 나타날 수 없다.

그러나 저장된 내용 못지않게 중요한 것은 소프트웨어다. 소프트웨어는 정보가 화면에 구현되기 위한 형식적 조건이다. 그러므로 소프트웨어가 달라짐에 따라 똑같은 저장 내용이 스크린에 나타나는 방식이 달라진다. 가령 어떤 화면은 흑백으로 그치는데, 어떤 화면은 다양한 색깔을 재현한다. 어떤 것은 평면적 재현에 그치는데, 어떤 것은 3차원 동영상을 보여준다.

칸트의 인식론에서 그런 소프트웨어에 해당하는 것이 의식에 내재하는 형식이다. 의식의 형식은 경험 이전에 있으면서 그 경험을 가능하게 한다는 의미에서 '선험적ᵃ ᵖʳⁱᵒʳⁱ' 형식이다. 그 의식의 선험적 형식이 없다면 대상은 현상계에 나타날 수 없다. 이것은 선험적 형식 없이는 경험이 성립할 수 없다는 것과 같다.

의식의 선험적 형식은 현상계에 대상이 나타나도록 만들어주는 조건인 동시에 경험을 가능하게 해주는 조건, 경험의 가능 조건이다. 이런 가능 조건 아래 나타나는 대상은 사물 그 자체가 아니다. 그것은 마음에 내재한 형식적 원리에 의해 구성된 산물에 불과하다.

그러므로 칸트 철학에는 세 차원이 있다. 하나는 주체로서는 알 수 없는 물자체다. 다른 하나는 주체에게 경험적으로 나타나는 현상계다. 마지막으로 물자체와 현상계 사이를 나누면서 이어주는 제3의 차원이 있다. 그것은 경험적 대상을 비로소 나타나게 만들어주는 의식 내 선험적 원리들이 자리하는 영역이다. 칸트는 그런 선험적 원리들이 자리하는 장소를 '초월론적ᵗʳᵃⁿˢᶜᵉⁿᵈᵉⁿᵗᵃˡ' 차원이라 부른다.

그리고 경험의 선험적 원리들을 탐구하는 철학을 '초월론적 철학'이라 명명한다. 초월론적 철학에서 선험적 원리들에 의해 구성되기 이전의 세계(사물 자체)와 구성된 이후의 세계(현상계의 대상)는 존재하는 방식부터 완전히 다르다. 따라서 둘 사이에는 아무런 공통점도 있을 수 없다.

앞에서 말한 컴퓨터로 비유하자면, 초월론적 철학이란 곧 스크린과 저장장치 사이에 놓인 소프트웨어를 탐구하는 철학이다. 소프트웨어가 선험적 원리에 해당하기 때문이다. 소프트웨어는 저장장치의 내용을 화면에 나타날 수 있도록 만들어준다는 점에서 일종의 선험적 원리라 할 수 있다.

다만 컴퓨터는 기종에 따라 소프트웨어가 다르기 때문에 화면 구현의 방식이 달라지지만, 인간에게 현상계는 언제나 동일한 방식으로 나타난다. 인종이 다르거나 성별이 달라도 세상은 똑같은 형식적 질서를 띤다. 이는 인간 의식에 모두 같은 종류의 소프트웨어, 같은 종류의 선험적 형식이 내장되어 있기 때문이다.

만약 지구에 온 외계 생명체에게 인간과 동일한 내용의 자극이 입력된다 하더라도 그것이 의식에 표상되는 방식은 인간과 다를 수 있다. 가령 인간은 시공간을 3차원적으로 지각하지만 2차원적으로만 지각하는 곤충들도 있다. 거꾸로 우리는 4차원이나 5차원까지 지각하는 외계 생명체를 상상할 수 있다. 인간보다 월등한 선험적 형식을 지니고 있다면 가능한 일이다.

화면에 구현되는 정보들이 소프트웨어에 따라 서로 다른 방식으로 나타나는 것처럼 경험 이전에 이미 의식에 주어져 있는 형식적 원리가 무엇이냐에 따라 이 세계는 다르게 나타난다. 다만 인류는 모두 똑같은 소프트웨어, 똑같은 선험적 형식들이 내재하기 때문에 우리에게 나타나는 세계는 언제나 동일해진다.

따라서 앎이란 무엇이며 경험이란 무엇인가 하는 물음에 답하는 길은 여기서 분명해진다. 현상계의 형식적 원리들, 그것이 곧 경험(인식)의 선험적 원리들이다. 그리고 그 원리들이 선험적으로 의식에 내재한다면, 경험의 기원이나 본성에 대한 물음은 의식의 선험적 원리들을 하나하나 밝혀가는 과정이 될 수밖에 없다. 인식론은 의식의 해부학과 같은 형태를 띠게 되는 것이다.

인간의 마음을 해부하다

인식의 메커니즘

칸트는 자신의 철학을 '초월론적 철학'이라 부르기도 하지만 '비판철학'이라 부르기도 한다. 사실 칸트의 3대 저작에는 모두 비판이라는 말이 들어가 있다. 그렇다면 칸트적인 의미의 비판이란 무엇을 말하는가? 비판critique이란 말은 본래 그리스어 크리네인krinein에서 유래한다. 이는 자른다, 특히 음식의 썩은 부분과 썩지 않은 부분을 가른다는 뜻을 지닌다.

칸트의 비판철학에는 이런 어원적 의미가 고스란히 들어 있다. 인식 가능한 것과 가능하지 않은 것, 인식의 영역과 사유의 영역, 이론적인 것과 실천적인 것 등을 나누는 것, 한계를 그리는 것이 칸트적 의미의 비판이다.

거기에는 또한 해부한다는 뜻이 담겨 있다. 『순수이성비판』의 대부분은 우리의 마음을 가르는 과정, 의식을 해부하는 과정으로 이루어져 있다. 그렇다면 왜 가르고 해부하는가? 의식 안에 들어 있는 인식능력을 찾아내고 그 능력의 작동원리(선험적 형식)와 한계를 드러내기 위함이다. 칸트는 인식과 관련된 모든 물음을 마음의 분석을 통해 해결해간다.

요즘 인공지능 연구자들의 이야기를 들어보면 그들에게 가장 많은 영감을 주는 마음 이론으로 두 가지를 꼽을 수 있다고 한다. 하나는 일체가 오로지 마음 작용에 따른 이미지일 뿐이라는 불교의 유식唯識 이론이고, 다른 하나가 바로 칸트의 의식 이론이다. 그만큼 칸트의 의식 이론은 오늘까지도 시사하는 바가 크다.

특정 정보가 스크린에 구현되는 절차를 밝히기 위해서는 그 원리인 소프트웨어를 분해해보아야 한다. 마찬가지로 세계가 우리에게 특정한 방식으로 나타나게 만드는 형식적 원리가 의식에 선험적으로 내재한다는 전제 아래 칸트는 인식과 관련된 모든 문제는 의식에 대한 치밀한 해부

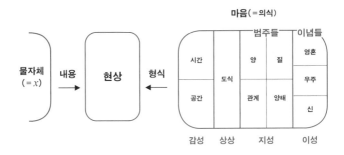

마음(=의식)

		범주들		이념들
시간		양	질	영혼
	도식			우주
공간		관계	양태	신
감성	상상	지성		이성

물자체(=*x*) →내용→ 현상 ←형식←

칸트는 우리 마음의 인식능력을 4가지(감성, 상상, 지성, 이성)로 구분하고 각각의 기능들이 어떻게 함께 협동하고 조화를 이루어내는지 그 작동원리를 분석했다.

작업에 의해서만 해결될 수 있다고 본다.

이런 의도는『순수이성비판』이라는 제목에 압축적으로 표현되고 있다. 그 제목에는 마음을 하나하나 절차적으로 해부하여 마음의 주요 부위를 드러내는 것은 물론 그 부위마다 지니고 있는 기능과 작동원리를 밝혀내겠다는 뜻이 담겨 있다.

그 해부의 과정 전체를 하나의 도식으로 집약하면 위와 같이 그려볼 수 있다. 이 도식은 앞에서 제시한 도식의 오른편에 있던 마음의 부분을 칸트가 어떻게 분해하는지를 더욱 자세하게 표시한 것이다. 그것은 곧 정보처리장치에 해당하는 마음의 내적 구조와 기능들에 대한 그림이다.

칸트의 인식론에서 우리의 마음은 감성, 상상, 지성, 이성 등의 4가지 부분으로 나뉜다. 사실 부분이라기보다 기능이라 하는 것이 더 좋을 것이다. 왜냐하면 그것들은 인식에 기여하는 서로 다른 능력들, 인식능력들이기 때문이다. 『순수이성비판』은 감성, 지성, 상상, 이성의 순서로 각각의 인식능력들을 세밀하게 분석하여 그 작동방식과 원리들을 설명해간다.

감성적 직관의 두 형식 – 시간과 공간

여러 인식능력들 중에서 먼저 감성sensibility을 보도록 하자. 감성은 컴퓨터의 인풋 장치에 해당한다. 칸트 용어로 하면 감성은 직관의 능력이고, 직관은 물자체에 의해 촉발되어 자극을 받아들이는 절차다. 물자체로부터 영향을 받아 다양한 내용의 자극을 수용하는 능력이 감성적 직관이다. 감수성이라는 말이 있는데, 그것은 감성적인 수용능력을 의미한다.

가령 위대한 음악을 들어도, 감동적인 시를 읽어도 무감각한 사람이 있다. 감수성에 문제가 있는 사람이다. 그런 사람에게는 외부의 자극이 의식 내면으로 흡수되기 어렵다. 그런 사람은 인풋 장치가 고장 난 컴퓨터와 같다.

칸트는 감성적 직관의 형식으로 두 가지를 들었다. 시간과 공간이 그것이다. 감성은 시간과 공간이라는 형식을 통해 물자체에 의해 촉발되어 잡다한 내용을 받아들인다는 것이다. 이것은 상식을 뒤집는 이야기로 들릴 수 있다. 시간과 공간은 보통 의식 외부에 실재하는 어떤 것으로 간주되기 때문이다. 게다가 사물보다 시간과 공간이 먼저 존재한다는 것이 일반적인 생각이다.

가령 뉴턴의 물리학에서는 절대적 시공간의 좌표가 먼저 있고 우주 삼라만상은 그 좌표의 어느 한 지점에 위치한다. 그러나 칸트에게 시간과 공간은 의식과 독립적으로 의식 외부에 실재하는 어떤 것이 아니다. 시간과 공간은 다만 의식이 감성적으로 직관하는 형식, 다시 말해서 물자체에 의해 영향을 받아 잡다한 내용을 수용하는 형식에 불과하다.

감성 다음으로 칸트가 해부하는 인식능력은 지성 understanding이다. 칸트에게 어떤 것을 경험하거나 안다는 것은 감성과 지성의 협동 작업이다. 감성이 자극의 내용을 수동적으로 받아들이는 능력이라면, 지성은 감성을 통해 주어진 잡다한 내용을 능동적으로 종합하는 능력이다. 감성과 지성의 상호 보완적 관계를 칸트는 다음과 같이 정식화했다.

직관 없는 개념은 공허하고, 개념 없는 직관은 맹목적이다.
-『순수이성비판』초판 51쪽

인식 내용은 감성적 직관을 통해 외부로부터 의식에 주어진다. 그러므로 '직관 없는 개념'은 공허할 수밖에 없다. 아무런 내용이 없는 것이다. 반면 직관을 통해 수용된 내용은 아직 잡다할 뿐이다. 거기에는 어떤 관계나 성질, 단위나 위계가 없다. 이런 것들은 지성에 내재한 선험적 개념(범주)들에 의해 비로소 주어진다. 그러므로 '개념 없는 직관'은 맹목적일 수밖에 없다.

가령 벽돌을 만들기 위해 가장 먼저 필요한 것은 그것의 재료인 흙이다. 메마른 흙을 구해다가 물에 적시는 과정, 이것이 감성적 직관이 하는 일이다. 시간과 공간의 형식을 통해 앎의 기본 재료를 실어 날라 개념적으로 처리 가능한 내용으로 바꾸어주는 것이 감성적 직관이다.

　반면 지성은 감성적으로 주어진 잡다한 내용에 일정한 형태를 부여하는 능력이다. 반죽된 진흙은 아직 모양이 없다. 진흙이 일정한 모양을 얻기 위해서는 어떤 거푸집에 들어가야 한다. 지성에 내재하는 선험적 범주(개념)들은 바로 그런 거푸집을 만드는 작은 틀들에 해당한다. 감성이 수동적으로 내용을 받아들이는 직관의 능력이라면, 지성은 그 내용에 능동적으로 형식을 부여하는 종합의 능력이다.

　수동적인 감성과 능동적인 지성의 협동 작업으로 우리의 표상, 경험, 지식이 성립한다. 감성이 물자체와 접촉하여 그 자극의 내용을 받아들이는 형식이 시간과 공간이라면, 지성이 잡다한 감성적 내용을 조직하는 형식은 12가지 범주다.

지성의 12범주

아리스토텔레스의 논리학에서 범주[3]는 실체, 양, 질, 관계, 장소, 시간, 위치, 상태, 능동, 수동 이렇게 10개가 있다. 그러나 칸트는 고전 논리학에서 제시하고 있는 10개의 판단 형식에 2개를 더 추가하고, 그로부터 12개의 범주를 끌어

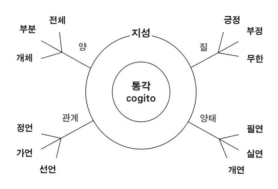

지성의 12 범주는 4개의 팔 12개의 손가락으로 비유할 수 있다.

냈다. 그리고 그 12개의 범주를 다시 양, 질, 관계, 양태라는 4개의 상위 범주 아래 각각 3개씩 할당했다. 지성은 판단 형식에 해당하는 12개의 범주를 통해 감성적인 내용을 규정해간다는 것이다.

우리는 10개의 손가락을 사용하여 물건을 만든다. 칸트 철학에서 지성은 범주를 사용하여 경험의 대상을 구성한다. 선험적 범주는 의식에 달린 12개의 손가락과 같다. 우리 몸에는 2개의 손이 있고 거기에 각각 5개의 손가락이 달려 있다. 그러나 지성에는 양, 질, 관계, 양태라는 4개의 팔이 있고 그 팔마다 3개의 손가락이 붙어 있다.

앞의 그림에서 볼 수 있는 것처럼 양의 팔에 붙어 있는 손가락은 전체, 부분, 개체라는 범주다. 질의 팔에는 긍정, 부정, 무한이라는 범주가 손가락으로 달려 있다. 관계의 팔에서는 정언, 가언, 선언이라는 범주가, 그리고 양태의 팔에서는 필연, 실연, 개연이라는 범주가 각각 손가락 구실을 한다.

지성은 팔과 손 외에도 그것들을 조종하는 척추를 지니는데, 그것이 '통각apperception'이다. 통각은 지성의 개념 사용을 통제하는 중심축으로 자기의식('나는 생각한다')에 해당하는 능력이다. 지성이 4개의 서로 다른 팔과 거기에 달린 12개의 손가락을 조화롭게 사용하도록 이끌어가는 통일의 원리가 통각이다.

지성의 한가운데 있는 통각이 통일의 원리라면, 지성의 몸에 달린 4개의 팔은 분화의 원리에 해당한다. 지성은 감성적 직관에 주어진 잡다한 내용을 양, 질, 관계, 양태라는 4가지 특수한 방향에서 규정해간다. 그렇다면 왜 하필 양, 질, 관계, 양태인가?

이를 위해 친구들이 모여 식당을 찾는 경우를 생각해보

자. 누군가는 양을 중시하여 음식을 많이 주는 곳을 가자고 할 것이다. 반면 누군가는 질을 따지며 맛있는 곳을 가자고 할 수 있다. 그런데 누군가는 모임에 어울리는 음식을 생각한다거나 음식에 적합한 술을 찾을 수 있는데, 이는 관계의 범주를 중시하는 태도다. 마지막으로는 지금 꼭 식당에 가서 함께 밥을 먹어야만 하는 것인지 아니면 다음에 갈 수도 있는 것인지를 묻는 사람도 있을 텐데, 이는 양태와 관련된 물음이다.

이와 같이 지성은 어떤 사태를 규정할 때 4가지 관점에서 판단한다. 양의 관점에서 그것이 전체인지 부분인지를 구별하는가 하면 질의 관점에서 그것을 긍정적이거나 부정적인 것으로 규정한다. 관계의 관점에는 사태가 무조건적(정언적)인지 조건 의존적인지, 인과적인지 아닌지 등을 식별한다. 마지막으로 양태의 관점에서는 그것이 필연적인지 우연적인지를 판단한다.

이처럼 지성은 4개의 팔과 12개의 손가락으로 잡다한 감성적 질료를 하나의 통일된 대상으로 조직해낸다. 이미 언급했던 것처럼 그 손가락에 해당하는 범주들은 아리스토텔레스 논리학이 제시하는 10가지 판단의 형식에 2개를

범주	판단표	범주표	명제
양	전칭 판단	전체	모든 A는 B이다.
	특칭 판단	부분	어떤 A는 B이다.
	단칭 판단	개체	이/저 A는 B이다.
질	긍정 판단	긍정	A는 B이다.
	부정 판단	부정	A는 B가 아니다.
	무한 판단	무한	A는 not-B이다.
관계	정언 판단	정언	A는 B이다.
	가언 판단	가언	만약 A라면 B이다.
	선언 판단	선언	A이거나 B이거나 C이다.
양태	개연 판단	개연	A는 가능적으로 B이다.
	실연 판단	실연	A는 실제로 B이다.
	필연 판단	필연	A는 필연적으로 B이다.

지성의 12 범주는 아리스토텔레스의 10가지 판단 형식으로부터 도출한 것으로, 각각의 명제를 지닌다.

추가하여 만든 표로부터 끌어낸 것이다. 이런 상관관계는 위와 같이 정리해볼 수 있다.

상상력, 감성과 지성의 매개자

칸트 인식론에서 표상, 경험, 인식은 같은 뜻을 지닌다. 경험 혹은 인식은 수동적 직관 능력인 감성과 능동적 종합의 능력인 지성이 함께하는 작업이다. 직관을 통해 외부로부터 잡다한 내용을 수용하는 능력이 감성이고, 판단을 통해 그 잡다한 내용에 특정한 형식을 부여하는 능력이 지성이다. 인식은 감성적 직관과 지성적 판단이 협동 작업을 통해 이루어낸 결과다.

그러나 문제는 감성과 지성은 원래 물과 기름처럼 상극적이라는 데 있다. 그렇기 때문에 두 능력 사이의 협동 작업이라는 것은 말처럼 쉽게 이루어질 수 있는 것이 아니다. 거기에는 배타적인 두 능력을 화해시키는 제3의 매개자가 필요한데, 이것이 바로 상상력이다. 상상력이 없다면 감성과 지성, 직관과 개념의 협동은 공염불에 불과하고, 따라서 인식은 성립할 수 없다.

그러므로 칸트는 『순수이성비판』에서 상상력에 대해 자세히 이야기하되 두 가지 방향에서 이야기한다. 먼저 상상력이 감성에서 출발해서 그 직관의 내용을 지성에 전달해줄 때다. 이 경우 상상력이 하는 일을 '종합synthesis'이라

한다. 반대로 상상력은 지성의 개념에서 출발해서 감성적 직관의 내용을 그것에 부합하도록 가공해주기도 한다. 이 경우 상상력이 하는 일을 '도식화schematize'라 한다.

　종합과 도식에 대한 칸트의 서술은 대단히 독창적이고 심오해서 『순수이성비판』을 깊이 알고 있는지의 여부는 이 부분에 대한 이해의 정도로 판단할 수 있을 정도다. 헤겔, 하이데거, 들뢰즈 같은 큰 철학자들이 칸트를 창조적으로 전유하는 것도 언제나 이 부분에 대한 재해석을 통해서 이루어진다.

　그렇다면 도식scheme이란 무엇인가? 도식은 먼저 이미지와 구별된다. 그림, 영상 등은 현상계에 속하는 것들, 경험적인 것들이다. 그러나 도식이란 현상계에 속하지 않는 그림, 경험상의 그림과는 다른 종류의 그림이다.

　그것은 의식 안에서, 더 정확히 말해서 초월론적 차원에서 생산된 선험적인 그림이다. 경험 대상은 그런 선험적인 그림이 없다면 생겨날 수 없다. 왜냐하면 그 그림을 매개로 비로소 감성과 지성이 협동할 수 있기 때문이다. 경험 대상의 가능 조건에 해당하는 그림이 있는 것인데, 칸트는 그런 선험적인 그림을 도식이라 부른다.

경험적인 차원에서 사례를 찾자면 도식은 지하철 노선도와 유사하다. 노선도는 지도와는 분명 다르다. 지도는 현실적으로 있는 것들을 있는 그대로 모사해 축소해놓은 것이다. 반면 노선도는 역들의 관계를 경제적으로 표시해놓았을 뿐이다. 때문에 그리는 사람에 따라 얼마든지 다를 수 있다. 지하철을 자주 이용하다 보면 노선도와 비슷한 것이 머릿속에 자리 잡게 되는데, 그때야 비로소 지하철을 자유자재로 이용할 수 있게 된다.

회사에서 사업 계획을 보고하기 위해 만드는 파워포인트 자료도 도식화 작업의 사례가 될 수 있다. 파워포인트 자료는 주로 그림이나 도표로 이루어지는데, 이 도표들은 계획된 내용을 쉽게 전달하기 위한 목적에서 나온 것들이다. 그런데 똑같은 내용이라 하더라도 그것을 설명하는 그림은 사람에 따라 달라질 수 있다. 어떤 사람은 수십 장으로 그리는 것을 어떤 사람은 한두 장으로 압축하는 경우를 생각해보라.

이런 차이는 상상력에 기인한다. 상상력이 뛰어나다는 것은 결국 개념에 부합하는 도식을 효율적으로 그려낸다는 것과 같다. 거꾸로 효율적인 도식을 그려낼 줄 알아야 그만큼 추상적인 개념을 정확하게 이해할 수 있을 뿐만 아니라 자유롭게 응용할 수 있다. 자유로운 개념 사용의 조건은 도식을 그려내는 능력, 상상력에 있는 것이다.

가령『순수이성비판』과 같이 난해한 철학 책을 읽을 때를 생각해보자. 우리는 이 책을 읽어가면서 각 부분에서 만나는 개념들 사이에서 특정한 연관성을 하나둘 발견하게 된다. 그리고 마침내 그 개념들의 관계 전체를 마치 지하철 노선도를 그리듯이 하나의 도표로 정리할 수 있다.

그렇게 전체의 도표가 머릿속에 그려지면 우리는 그 책의 내용을 일목요연하게 정리할 뿐만 아니라 창조적으로 응용할 가능성에 도달하게 된다. 만약 어떤 책을 읽었을 때 그 전체 내용이 하나의 도식으로 요약되지 않는다면 우리는 그 책을 완전히 소화했다고 할 수 없다.

추상적인 개념을 감성적 직관과 연결하기 위한 조건이 도식이다. 도식은 개념을 직관화하거나 직관을 개념화하기 위해 필요한 어떤 방법이다. 이런 점에서 도식은 경험적인 대상을 모사 및 재현하는 이미지와는 다른 차원에 있다.

가령 피타고라스 정리를 설명하기 위해 지금 머릿속에 직각 삼각형을 그려보자. 그럼 이 삼각형은 정해진 크기가 있는 것인가 없는 것인가? 특수한 것인가 보편적인 것인가? 실재하는 것인가 가상에 불과한 것인가?

그러나 머릿속의 삼각형은 항상 이것이면서 동시에 저것이기도 하다. 그것은 크기가 어떠하든 상관없이 동일한 실효성을 지닌다. 개별적이고 특수한 것이면서 동시에 이 세상의 모든 삼각형을 대표하며, 그런 점에서 보편적이라 할 수 있다.

도식은 이런 머릿속의 삼각형처럼 감성적이면서도 지성적이다. 직관적이면서도 개념적이며, 특수하면서도 보편적이다. 상상력은 이와 같이 이중적인 성질을 지니는 도식을 산출하여 감성과 지성을 매개한다. 물과 기름처럼 배타적이어서 서로 만날 수 없는 감성과 지성은 양쪽의 성질을 동시에 지닌 도식을 매개로 서로 만나고 함께 작용할 수 있다.

따라서 칸트적인 의미의 인식은 두 가지 능력이 아니라 세 가지 능력을 전제한다. 인식은 직관능력인 감성과 개념(판단)능력인 지성, 그리고 둘을 묶어주는 상상력, 이 세 가지 능력의 협동 작업인 것이다. 그런데 『순수이성비판』의 해석에서 늘 논란의 대상이 되는 것이 상상력의 지위다. 이것은 칸트가 상상력을 모든 인식능력들의 뿌리인 것처럼 말하는 대목이 있기 때문이다.

> 인간 인식의 두 줄기가 있는데, 그것들은 아마도 하나의 공통의, 그러나 우리에게 알려져 있지 않은 뿌리로부터 생겨난 것으로 감성과 지성이 그것이다.
> – 『순수이성비판』 초판 15쪽

> 종합 일반은 단지 상상력의 작용 결과에 불과한 것으로, 이런 상상력은 영혼의 맹목적인가 하면 또한 불가결한 기능이다. 이 기능이 없다면 우리는 아무런 인식도 가지지 못할 터이지만, 그것에 대해서는 드물게 어쩌다 한 번 의식할 뿐이다.
> – 『순수이성비판』 초판 78쪽

의식이 지닌 모든 인식능력들은 원래 상상력 속에서 하나였다가 이로부터 서로 다른 갈래로 분화되어 나왔다는 것이다. 헤겔이나 하이데거 그리고 최근에는 들뢰즈 같은 철학자가 이런 대목을 중시하여 직관과 개념의 원초적 통일성을 본래의 사태로 간주한다. 이것은 도식을 물자체의 모습으로, 다시 말해서 어떤 존재론적 사태로 본다는 것과 같다.

그러나 엄밀히 말해서 칸트는 도식을 존재론적 사태로 간주한 적이 없다. 이미 언급했던 것처럼 칸트의 도식은 개념을 직관화하거나 직관을 개념화하는 방법일 뿐이다.[4]

이성, 사유의 능력

그런데 우리에게는 감성, 지성, 상상 외에 제4의 능력이 있다. 바로 이성reason이다. 감성이 직관의 능력이고 지성이 개념을 적용하는 판단의 능력이라면, 이성은 추론하는 능력이다. 그렇다면 왜, 무엇을 위해 추론하는가? 이는 체계를 만들기 위해서다.

우리는 날마다 각종의 경험을 쌓는다. 개념을 적용하고 판단을 이어가면서 수많은 지식을 축적한다. 게다가 지식은 다양한 분야에서 탐구된다. 물리학, 수학, 생물학, 지리학, 정치학, 경제학 등 각 분야마다 학자들이 새로운 지식들을 생산해간다. 그런데 구슬이 서 말이라도 꿰어야 보배라는 말이 있다. 생산된 지식들은 파편들처럼 방치되는 것이 아니라 총체적으로 체계화되어야 한다. 이런 체계화의 요구에 부응하는 능력이 이성이다.

칸트는 이론적 지식을 체계 개념을 중심으로 정의한다. 하나의 지식은 어떤 체계 안에 놓일 때야 비로소 이론적 지식이라는 자격을 얻는다는 것이다. 학문적 지식을 펼친다는 것, 그것은 단편적인 지식들을 일관된 논리에 따라 하나로 통합해간다는 것, 다시 말해서 체계를 구축한다는 것과 같다.

그렇다면 이성은 어떻게 체계를 구축하는가? 칸트 철학에서 이성이 지식을 체계화하는 원리는 '이념idea'이라 불린다. 이념은 체계화의 구심점이다. 감성이 시공간적인 직관의 능력이고 지성이 개념을 통해 판단하는 능력이라면, 이성은 이념을 대전제로 추론의 계열을 만들어 가는 능력, 그리하여 지식 전체를 체계화하는 능력이다.

칸트에 따르면 경험적인 차원의 지식들은 저마다 일정한 경향의 선을 형성한다. 이들은 저마다 선을 그리다가 결국 세 개의 점으로 수렴하는데, 그런 수렴의 지점이 이념이다. 그리고 이 세 가지 이념이 바로 영혼, 우주, 신이다.

영혼의 이념은 의식 내면의 심리적 사실에 대한 지식들이 모여드는 구심점이다. 반면 외부 자연에 대한 모든 지식은 우주의 이념을 중심으로 구조화된다. 마지막으로 도덕적 실천에서 일어나는 모든 판단은 신의 이념을 대전제로 추론적 위계질서를 획득한다. 인간의 지식 및 실천은 영혼, 우주, 신이라는 세 가지 이념을 구심점으로 체계적 질서를 얻는 것이다.

이런 이념은 인식의 발생에 개입하되 간접적으로만 개입한다. 지성의 개념이 경험적 인식을 '구성'하는 원리라면, 이성의 이념은 각각의 개별적인 인식을 체계의 관점에서 '규제'하는 데 그친다. 경험적 인식을 생산하는 개별적인 판단은 맹목적이지도, 자의적이지도 않다. 각각의 판단은 이념의 지도와 규제 속에서 이루어진다. 지성은 이성의 이념이 그리는 전체의 구도, 이념이 지시하는 대체적인 방향을 참조하면서 자신의 개념을 적용한다.

가령 우리는 어떤 것을 판단할 때 이를 고립된 대상으로 간주하지 않는다. 오히려 그와 연관된 어떤 복잡한 관계의 그물망 속에 위치시키면서 파악하려고 한다. 하나의 대상을 둘러싼 특정 문맥과 전체의 구도를 제시하는 것이 이성의 이념이다.

칸트는 이런 이념을 지성이 부딪치는 궁극의 물음으로,

그 물음에 대한 해결로서 개념적 지식이 탄생하는 지평으로 간주한다. 이런 이념 이론은 헤겔 철학에서는 시대정신zeitgeist이라는 개념으로 발전한다. 이때 시대정신이란 한 시대가 온 힘을 기울여 해결해야 하는 물음, 따라서 한 시대의 정신에 목적을 부여하면서 특정한 방향으로 인도하는 궁극의 물음을 의미한다.

지적인 탐구는 원래 어떤 물음에서 시작하기 마련이다. 그런데 모든 탐구는 마지막에 가서 이성의 세 가지 이념이 제기하는 물음에서 유래한다는 것이 칸트의 생각이다. 그러나 이 이성의 이념 자체는 결코 인식될 수 있는 어떤 것이 아니라 단지 사유될 수 있을 뿐이다. 그렇다면 사유란 도대체 무엇인가?

인식과 사유는 어떻게 구별하는가

회의주의와 독단주의 사이

『순수이성비판』에서 감성적 직관을 다루는 부분을 '감성론,' 지성의 개념을 다루는 부분은 '분석론'이라 한다. 그리고 분석론 말미에는 '연역'이라는 제목이 붙은 대목이 나온다. 칸트는 여기서 직관에 대한 개념의 적용 가능성을 입증하고, 이를 보완하기 위해 '도식론'을 추가한다. 칸트의 도식론은 영국 경험론의 주장에 대한 반박으로 읽어야 한다.[5]

영국 경험론은 지성의 개념이 감각적 경험에서 유래한다고 본다. 개념은 감각적으로 지각된 대상에서 구체적인 성질을 제거하여 만든 추상적 이미지에 불과하다는 것이다. 어떤 심리적 조작의 산물인 이런 추상적 이미지는 그것에 대응하는 실재 대상이 없다는 점에서 무의미하다는 것이 버클리 같은 경험론자의 조롱이다.

그러나 칸트에게 지성의 개념은 감각적 이미지에서 유래하는 것이 아니라 지성에 선험적으로 내재한다. 이 선험적 개념이 어떤 이미지에 의존한다면, 그것은 감각적 이미지가 아니라 의식이 스스로 분만하는 도식이다.

지성은 감성적 직관과 관계해야 할 때 내감을 자극하여 상상력을 불러일으키고, 그렇게 살아난 상상력에 의해 산출된 도식에 힘입어 감성적 직관으로 나아간다. 이미 언급했던 것처럼 상상력에 의해 선험적으로 생산된 도식은 감각적 이미지와는 다른 수준에 있으면서 그 이미지에 대한 개념의 적용을 비로소 가능하게 만들어준다.

이런 도식론에 의지하여 칸트는 흄의 회의론을 극복하는 길을 찾았다. 인과성을 구성하는 핵심 요소가 (원인과 결과 사이의) '필연적 결합'에 있다면, 흄은 그 결합에 대응하는 감각적 인상이 없음을 밝혔다. 이는 인과 개념이 객관적 실재성을 결여하고 있다는 것과 같다. 흄은 인과 개념이 주관적 기대와 상상의 개입으로 주조된 허구적인 개념에 불과하다고 본다. 그리고 이를 근거로 인과법칙의 필연성 및 보편타당성을 부정했다.

칸트는 이런 흄의 회의론에 부딪쳐 비로소 '독단의 잠'에서 깨어났다고 고백했다. 자신의 초월론적 철학의 기원이 회의론의 도전에 응답하는 데 있다는 것이다. 그렇다면 칸트는 흄의 회의론에 어떻게 응답하는가? 칸트는 인과 개념이 지성의 선험적 범주임을 밝힘으로써 이에 응답한다.

즉 인과 개념은 감각적 인상에서 파생하는 것이 아니라 선험적으로 주어져 있다가 그 인상에 적용된다. 그리고 그 적용의 가능 조건은 감각적 이미지에 있는 것이 아니라 지성이 상상력의 도움으로 얻게 되는 도식에 있다. 선험적으로 주어져 있는 인과 개념은 의식이 스스로 분만하는 도식에 힘입어 감각적 경험의 세계 일반으로 외출할 권리를 얻는 것이다.

『순수이성비판』에서 영혼, 우주, 신 같은 이성의 이념은 '변증론'이라는 제목 아래 다루어진다. 칸트의 모든 비판서에는 변증론이 등장한다. 변증론의 주된 목적은 철학사 해체에 있다. 칸트는 변증론을 통해 자기 이전의 사상사를 간결한 삼단논법으로 재구성한 후 순식간에 무너뜨린다.

『순수이성비판』의 변증론이 겨냥하는 대상은 전통 형

이상학, 특히 17세기 대륙 이성론이다. 서양에서 형이상학은 영혼, 우주, 신이라는 세 가지 문제와 싸워왔다. 이 세 가지 이념에 대한 이론적 인식을 추구해온 것이 서양 형이상학이다. 칸트는 변증론을 통해 전통적인 영혼론, 우주론, 신론을 차례대로 와해해간다.

제1비판의 변증론은 언제나 동일한 전제에서 출발한다. 그것은 영혼, 우주, 신 같은 이념이 감성적 직관을 넘어서는 것, 따라서 이론적 인식의 범위를 초과하는 어떤 것이라는 점이다. 전통 형이상학은 처음부터 인간의 조건을 초월하는 것을 두고 엄밀한 학문적 인식이나 논증의 대상인 것처럼 취급해왔다. 이성의 권리 바깥에 있는 것을 자신의 당당한 권리인 것처럼 참칭한 것이다.

전통 형이상학의 이런 월권적인 태도를 칸트는 독단주의dogmatism이라 부른다. 칸트는 독단주의 안에서 맴도는 형이상학적 파행의 역사가 이성에 내재하는 어떤 근본적인 가상에서 비롯되는 것으로 본다. 어떤 가상인가? 그것은 이성이 스스로 지식을 확장할 수 있는 원리를 자기 안에 가지고 있다는 착각이다. 그것은 자기 안에 있는 원리를 지식 창출의 기관으로 오인하기 때문에 빚어진 가상이다.

순수 이성 비판의 목적

제1비판의 변증론은 이성의 이념이 '오르가논organon'이 아니라 '캐논canon'에 해당하는 원리임을 밝힌다. 오르가논이 기관을 의미한다면 캐논은 법전을 의미한다. 법전의 규칙들은 행위를 규제하고 지도하는 원리다. 칸트에 따르면 이성의 이념들은 그런 법전처럼 지성의 올바른 사용을 규제하고 지도하는 원리가 되어야 한다.

지성의 올바른 사용은 한편으로는 감성적 직관의 제약을 벗어나지 않아야 하며 다른 한편으로는 체계적 질서의 수립으로 나아가야 한다. 이런 두 가지 방향에서 이성의 이념은 지성의 올바른 사용을 지도하는 원리가 되어야 한다. 한편으로는 지성의 사용을 회의주의의 공격으로부터 보호하는 동시에 다른 한편으로는 독단주의의 미망에서 해방하는 수호자와 같은 역할을 떠맡아야 하는 것이다.

이성이 지닌 이런 막중한 임무는 인식과 사유의 대립 구도 안에서 파악되어야 한다. 감성과 지성 그리고 상상력이 인식을 위한 능력일 때, 이성은 사유를 위한 능력이다. 그런데 이성은 자신에 내재한 선험적 이념들을 통해 경험 세계에 대한 인식을 확장하고자 하면 독단주의에 빠진다.

이성은 새로운 지식의 획득에 직접 기여할 욕심을 접어야 한다. 그리고 다만 현상계 저편의 세계를 향해 사유를 펼쳐가야 할 의무에 매진해야 한다. 물론 형이상학의 역사가 보여주는 것처럼 현상계 너머의 영역, 그 물자체의 영역은 수많은 암초와 함정이 숨어 있는 험난한 세계다.

그러나 인간은 그 형이상학적 세계에서 자라나는 물음에 응답하지 않는다면 삶의 의미를, 나아가 자연에 대한 체계적 이해를 구할 수 없다. 칸트가 『순수이성비판』을 통해 인식의 본성을 밝히고 그 한계를 분명히 한 궁극의 목적도 여기에 있다. 그것은 일부의 해석자들이 주장하는 것처럼 경험을 초과하는 것에 대해서는 무조건 생각을 멈추고 입을 다물어야 한다는 주장과는 거리가 멀다.

칸트의 목적은 오히려 이론적 인식을 넘어서는 세계를 향해 사유의 항로를 찾는 데 있다. 칸트는 이렇게 말한다.

우리는 대상을 사물로서 인식할 수 없다 해도 적어도 그것을 사유할 수 있어야 한다. (…) 그러므로 나는 신앙을 위한 자리를 얻기 위해 지식을 폐기해야만 했다.
– 『순수이성비판』 재판 서문 XXVI쪽, XXX쪽

칸트는『순수이성비판』에서 이론적 지식의 성격, 타당성 범위, 한계를 밝히는 데 많은 노력을 경주했다. 칸트가 자신의 철학을 비판철학이라 부른 이유도 여기에 있다. 비판이란 곧 인식의 한계를, 그 안과 밖의 경계를 그리는 작업이다. 그러나 이 책의 저자는 그런 인식론적 해부학이 자신의 최종 목적이 아니라고 말한다.

경험적 인식에 대한 치밀한 분석은 다음 단계를 위한 준비 작업, 가령 신앙에 자리를 내주기 위한 예비 작업이라는 것이다. 다른 곳에서 칸트는 비판의 목적이 이성의 체계를 위한 예비 작업에 있다고 말한다.

순수 이성 비판은 순수 이성의 체계를 위한 예비학이다.
-『순수이성비판』초판 서론 11쪽

인식능력들을 해부해서 그 기능을 밝히는 작업, 그것들 각각의 권리(타당성) 범위와 한계를 그려주는 작업은 회의주의에 대항하여 이론적 인식의 보편성과 필연성을 정당화해주는 작업으로 그치지 않는다. 이론적 지식을 독단주의적 가상의 위험으로부터 지켜내는 것으로 그치는 것도 아니다. 그것은 무엇보다 이론적 지식을 초과하는 저편의 세계로 사유를 펼쳐가기 위한 예비 작업이다.

물자체의 세계, 무제약적인 이념의 세계로 사유를 인도하는 능력은 물론 이성에 있다. 순수 이성 비판의 진정한 목적은 이성의 사유에 올바른 문제를 제기하는 것, 이성의 사유에 올바른 방향과 좌표를 제시하는 것, 참된 학문의 체계와 믿음의 근거를 구축하는 것이다.

경험적 인식의 중심에 있는 것이 지성이라면, 인식의 영역 바깥으로 사유가 나아갈 때 올바른 문제를 가리키며 방향과 구도를 열어주는 것은 이성이다. 그리고 이런 이성의 사유로 가기 위한 예비적 과정이 지금까지의 순수 이성 비판인 셈이다.

인식이란 무엇인가

이런 사유에 대해 알아보기 전에 인식과 사유의 차이에 대해 좀 더 살펴보자. 칸트는 이론적 인식을 보편성과 필연성을 지닌 인식으로 간주한다. 그리고 그런 이론적 인식을 '선험적 종합판단synthetic a priori judgement' 또는 '선천적 종합명제'라 부른다. 칸트는 『순수이성비판』 서론(재판)을 통해 지식과 관련된 문제 전체를 '선험적 종합판단은 어떻게 가능한가?'라는 물음으로 정식화하기도 한다. 그렇다면 선험적 종합판단이란 무엇인가?

칸트 이전까지는 명제를 분석명제와 종합명제로 나누었다. 분석명제에서는 술어에 해당하는 속성이 주어에 이미 포함되어 있다. 분석명제는 주어에 이미 포함된 속성을 바깥으로 끄집어내고 있을 뿐이다.

예를 들어 '삼각형은 세 변을 가진다' 또는 '삼각형은 넓이를 지닌다' 같은 명제를 보자. 여기서 술어인 '세 변'과 '넓이'는 모두 주어인 삼각형의 정의 속에 함축되어 있다. 이런 명제는 결코 틀릴 수 없다. 언제나 보편적이고 필연적이다. 그러나 술어는 주어의 속성을 분명히 드러내는 역할만 하고 있을 뿐이므로 새로운 내용의 확장은 가져오지 못한다.

이와 달리 종합명제에서는 주어에 없는 속성이 술어에 의해 덧붙여진다. '이 삼각형은 금으로 만들어져 있다' '저 삼각형은 초록이다' 같은 명제를 보자. 여기서는 술어에 있는 '금'이나 '초록'은 삼각형의 정의에 없는 요소다. 삼각형 자체와 무관한 경험적 성질이 계사('~이다')에 의해 주어와 결합된다.

이런 명제는 분석명제와 달리 내용의 확장을 가져온다. 그러나 이런 긍정적인 역할에도 불구하고 종합명제는 보편적이지도 필연적이지도 않다. 다만 개연적이며, 그래서 언제나 오류 가능성에 빠질 위험에 있다.

논리학이나 수학 같은 형식과학의 명제, 가령 '2+3=5' 와 같은 명제는 모두 분석명제에 해당한다. 분석명제들은 언제나 보편적이고 필연적이지만 내용의 증가를 가져오지 못한다. 공허한 동어반복으로 그치는 것이다. 칸트 이전의 합리론, 특히 피타고라스-플라톤 전통에서는 지식의 모델을 수학에서 찾았다. 그 결과 모든 학문적 명제는 분석명제의 형태를 띠어야 한다는 주장이 나왔다.

반면 새로운 사실의 발견을 추구하는 경험과학의 명제는 종합명제일 수밖에 없다. 그러나 그것이 종합명제인 한에서는 보편적 타당성과 필연성을 주장할 수 없다고 간주되었다. 영국 경험론은 모든 지식의 기원을 감각적 경험에 두었고, 그 결과 학문적인 명제 일반은 개연적이거나 확률적인 타당성밖에 가지지 못한다는 회의론으로 귀착했다.

칸트는 합리론과 경험론의 대립을 넘어 그 두 가지 입장을 종합한다. 칸트는 뉴턴의 물리학도 수학적 진리만큼 보편적이고 필연적이라고 간주했다. 거꾸로 형식과학의 명제도 경험과학의 명제 못지않게 내용의 증가를 동반한다고 보았다.

분석적인 것처럼 보이는 수학이나 기하학의 명제도 공허한 동어반복으로 그치는 것이 아니라 내용상의 확장을 가져온다는 것이고, 종합적인 것으로 보이는 경험과학의 명제도 형식과학의 명제만큼 보편적 타당성과 필연성을 지닌다는 것이다. 그러므로 분석명제와 종합명제의 구별이 무의미하게 된다. 두 과학의 명제는 형태상 아무런 차이가 없다는 것이다.

어떻게 그럴 수 있는가? 경험과학의 명제가 종합적이면서 보편적 타당성과 필연성을 띠는 이유는 과학적 경험이 선험적 범주에 의존하기 때문이다. 과학적 지식은 선험적 범주의 간섭 아래 생산되는 것이므로 그것을 표현하는 명제는 종합적이되 선험적인 명제, 즉 '선험적 종합명제'가 된다. 칸트의 따르면 대수나 기하학 같은 수학의 명제 또한 선험적 종합명제다.

여기서 고대 중국에서부터 전해지는 '조삼모사朝三暮四'라는 사자성어를 생각해보자. 주인으로서는 하루 동안 주는 양은 결국 7개로 항상 같으나 아침에 4개, 저녁에 3개를 줄 때와 그 반대일 때 원숭이들의 반응은 완전히 달라진다. 우리는 여기서 '4+3'은 '3+4'의 동어반복이 아님을 알 수 있다. 두 명제는 각각 서로 다른 직관을 동반하고 있는 것이다.

칸트의 관점에서도 수학적 연역의 각 단계는 서로 다른 직관을 요구한다. 새로운 직관이 매번 추가되지 않으면 연역적 이행은 일어날 수 없다. 한 단계에서 다음 단계로 이어지는 연역은 기계적 동어반복이 아니라 매번 새로운 내용의 직관이 덧붙여지는 종합의 과정이다. 따라서 수학적 명제는 항상 보편적이고 필연적이라는 점에서 선험적 명제이지만 새로운 직관의 내용을 더해간다는 점에서는 종합적 명제다.

가령 대수적 추론은 매 단계 시간적 직관을, 기하학적 연역은 매 단계 공간적 직관을 끌어들인다는 점에서 선험적 종합명제다. 뉴턴으로 대변되는 자연과학의 명제도 마찬가지다. 경험적인 관찰이나 실험으로 새로운 내용이 추가되지만 경험적 인식의 발생 형식 자체가 선험적이기 때문에 언제나 보편적이고 필연성을 띨 수 있다. 형식과학과 경험과학은 모두 선험적인 동시에 종합적인, 다시 말해 선험적 종합판단을 생산하는 것이다.

사유란 무엇인가

『순수이성비판』에서 사유는 앞에서 언급했듯이 추론의 능력인 이성에 의해 주도된다. 그렇다면 사유, 다시 말해서 '생각한다'는 것은 어디서 시작되는 것일까? 바로 이성에 내재한 궁극의 욕망desire에서 비롯된다. 칸트는 신체뿐 아니라 이성도 욕망을 가진다고 보았고 이를 『순수이성비판』 서문에서 '형이상학적 욕망'이라 불렀다. 형이상학적 욕망을 점잖게 표현하면 '관심interest'이라 할 수도 있다. 여기서 관심은 물음의 주관적 원천에 해당한다.

사유를 유발하는 물음의 객관적 원천은 이념에, 주관적 원천은 관심에 있다. 이성은 본성상 자신의 능력을 초과하는, 그러나 본성상 회피할 수 없는 어떤 궁극의 물음에 부딪친다. 칸트는 이성이 다음과 같은 세 가지 물음에 의해 지배된다고 본다.

첫 번째 물음, '나는 무엇을 알 수 있는가?'는 사변적 관심에서 온다. 이성은 단편적 지식이나 이론에 만족하는 것

이성의 물음	사유의 원천	주요 인식능력
나는 무엇을 알 수 있는가?	사변적 관심 (상위의 인식능력)	지성 중심의 관계
나는 무엇을 해야 하는가?	실천적 관심 (상위의 욕망능력)	이성 중심의 관계
나는 무엇을 희망할 수 있는가?	향유적 관심 (상위의 감정능력)	판단력 중심의 관계

이성에 의해 주도되는 사유는 사변적, 실천적, 향유적 관심에 의해 유발된다.

이 아니다. 단편적 지식이나 고립된 이론을 넘어 지식 일반을 총체적으로 체계화하는 데까지 나아가고자 한다. 이것이 모든 이론을 근본 원리에서부터 재구성하려는 사변적 관심이다.

두 번째 물음, '나는 무엇을 해야 하는가?'는 실천적 관심에서 온다. 이성은 특정한 동기에 따라 행위로 나아가는 한에서 욕망의 주체다. 미래에 도달할 궁극의 목적을 위해 행동한다는 점에서는 의지의 주체다. 이성은 자신의 의지를 자율적으로 규정하되 어떤 법칙에 따라 규정해야 하는지에 대한 물음을 피할 수 없다. 이것이 이성이 갖는 실천적 관심이다.

마지막 세 번째의 물음, '나는 무엇을 희망할 수 있는가?'는 향유적 관심에서 온다. 사변적 관심이 참됨(진)을 향하고 실천적 관심이 좋음(선)을 향한다면, 향유적 관심은 아름다움(미)이나 생명 현상같이 쾌감이나 행복을 가져다주는 가치로 향한다. 이런 관심에서 시작하는 사유는 현세의 삶에 대한 성찰을 넘어 내세의 삶에 대한 성찰로 이어진다.

칸트는 이 세 가지 물음이 '인간이란 무엇인가?'라는 하나의 물음으로 수렴된다고 본다. 따로따로 노는 것이 아니라 인간의 마지막 본성에 대한 물음 속에서 상호 보완적인 관계를 얻는다는 것이다. 이는 이성이 제기하는 모든 문제, 다시 말해서 철학의 문제는 모두 인간의 초월론적 본성에 대한 물음으로 귀착된다는 것과 같다. 그렇다면 인간의 '초월론적 본성'이란 무엇인가?

이것은 칸트 철학 전체를 이해하는 데 결정적으로 중요한 물음이다. 그러나 이 물음에 답하기 전에 일단 이성의 세 가지 관심에 대해 좀 더 생각해보자. 나는 무엇을 알 수 있는가? 나는 무엇을 해야 하는가? 나는 무엇을 희망할 수 있는가? 이성의 관심을 표현하는 이런 세 가지 물음 각각은 서로 다른 사유의 형식을 요구한다. 물음이 달라지면 그에 따라 사유가 진행되는 방식이 달라지는 것이다. 그렇다면 어떻게 달라지는 걸까?

칸트에게서는 인식이든 사유든 마음속의 모든 일은 4가지 인식능력(감성, 상상, 지성, 이성)에 의해 일어난다. 모든 심리적 과정의 배후에는 언제나 서로 다른 방식으로 결합하여 작동하는 4가지 능력이 있다. 그러나 이성의 관심이 달라짐에 따라 능력들이 결합하는 비율이 달라진다. 그리고 능력들 각각의 역할이나 비중이 다르게 설정된다.

예를 들어 축구나 농구, 권투와 마라톤처럼 운동 경기의 종목이 바뀌면 주로 사용하는 신체 부위 또한 달라져야 한다. 종목마다 서로 다른 신체사용 비율을 요구하는 것이다. 영화를 볼 때와 책을 읽을 때의 감각사용 비율이 달라지는 것도 이와 유사한 사례가 된다.

이성의 사유도 이와 같다. 관심이 달라지면 그에 상응하여 주도적 인식능력이 달라지고 능력들 간의 역할 배당이 바뀌어야 한다. 가령 이론적 체계로 향할 때, 다시 말해서 사변적 관심에 의해 향도될 때 이성적 사유의 중심에는 지성이 놓인다. 감성적 직관을 통해 주어진 잡다한 내용을 4개의 팔과 12개의 손가락(범주)을 가지고 분류, 종합하는 지성이 중심이 되어야 한다. 상상과 이성은 주변부에 위치해야 한다.

인간의 도덕적 사명과 자유의 원리로 향하는 사유, 다시 말해서 실천적 관심에서 시작된 사유에서는 이성이 중심에 놓인다. 다른 인식능력들은 보조적인 역할을 맡되 감성은 완전히 배제되어야 한다.

마지막으로 삶의 향유에 대한 관심에서 시작된 사유에서는 판단력이 최대한 발휘되어야 하는데, 가령 심미적 판단력의 핵심에는 상상력이 있다. 앞에서 도식화를 설명할 때 이미 언급했던 것처럼 창조적인 사고에 결정적인 역할을 하는 것은 상상력이다. 상상력을 중심으로 감성과 지성, 그리고 이성이 주변부에서 보조적인 역할을 하는 것이 창조적 판단력이다.

칸트 철학 전체는 인식능력들의 사용 비율, 현대적인 관점에서는 마음에 내장된 정보처리장치에 대한 설명을 바탕으로 이성에 제기되는 궁극의 문제들을 풀어가는 과정이다. 이는 칸트 철학이 단순한 인식론, 다시 말해서 이론적 지식의 한계에 대한 담론으로 국한되지 않음을 말한다. 칸트는 인식론을 통해 정교한 인식능력 이론을 확립하고 이를 바탕으로 이론적 지식의 저편에서 이성이 부딪치는 물음들에 대한 형이상학적 성찰로 나아간다.

이 점을 강조하는 이유는『순수이성비판』전반부만을 읽고 칸트를 다 읽었다고 생각하는 사람들이 너무 많기 때문이다.『순수이성비판』의 목적이 우리 지식의 범위를 감각적 경험의 영역에 제한하는 데 있다고 본 나머지 칸트 철학의 근본 의도가 형이상학적 욕망을 불식시키는 데 있다고 해석하는 경우가 허다하다. 그러나 사실은 오히려 반대다.『순수이성비판』초판 서문은 이렇게 시작한다.

인간의 이성은 자신의 본성에 의해 부과되기 때문에 거부할 수 없는, 그렇지만 자신의 능력을 벗어남으로 도대체 대답할 수 없는 [형이상학적] 문제들로 인해 괴롭힘을 당하는 운명이다.
-『순수이성비판』초판 서문 VII쪽

이를 두고 영미권의 실증주의자들은 칸트 철학의 의도

를 독단적 형이상학의 해체에서 찾는 것으로 그친다. 하지만 위의 문장은 이성적 사유에서 형이상학적 욕망을 도려내자는 이야기를 하고 있는 것이 아니다.

오히려 이성적 사유에 대해 형이상학적 욕망이 회피 불가능함 말하고자 하는 것이며, 나아가 이성이 그 형이상학적 욕망을 추구할 권리를 증명하기 위해서 '이성의 법정'을 세우자는 것이다.

앞에서 언급했듯이 『순수이성비판』은 그 초두에서부터 그런 권리 비판이 순수 이성의 체계를 위한 예비학이며, 그 예비학의 목적은 신앙에 자리를 내주기 위해 지식을 폐기하는 데 있음을 밝힌다. 칸트는 이성의 법정을 통해 확립된 엄밀한 기준들을 준수하면서 이성에 내재하는 궁극의 관심과 형이상학적 욕망을 만족시키고자 했던 철학자다.

철학의 신대륙,
초월론적 차원의 발견

첫 번째 코페르니쿠스적 전회의 귀결들

칸트는 자신의 철학을 초월론적 철학이라고 부른다. 원어
인 '트랜센덴탈transcendental'의 의미는 칸트 전공자들 사이에
서도 그 번역을 놓고 많은 이견이 오갈 만큼 해석이 쉽지
않다. 이 문제에 적절한 해법을 제시하기 위해 먼저 칸트가
『순수이성비판』에서 이룬 코페르니쿠스적 전회의 의미를
그것이 초래하는 여러 결과들을 통해 정리해보도록 하자.

첫째, 칸트의 첫 번째 코페르니쿠스적 전회는 단순히 대
상 중심의 인식론이 주체 중심의 인식론으로 바뀐다는 것
만을 의미하지 않는다. 그것은 또한 철학, 특히 형이상학이
신학에서 완전히 벗어난다는 것을 의미한다.[6] 칸트 이전의

철학, 특히 합리론의 독단적 형이상학은 신학에서 해방되지 못했다.

18세기까지의 서양 형이상학에서 마지막 문제는 주객일치의 문제, 즉 나의 생각과 대상이 어떻게 일치할 수 있는가 하는 문제였다. 우리 마음이 대상을 비추는 거울이라면, 참된 인식은 대상과 동일한 심적 표상을 말한다. 그렇다면 내 마음의 표상과 대상이 일치한다는 것을 어떻게 담보할 수 있는가?

이 문제를 두고 많은 철학자들이 서로 다른 논지를 펼쳐왔다. 가령 데카르트는 방법적 회의[7]를 뒤집는 신 존재 증명을 통해 그 물음에 답했다. 라이프니츠는 예정조화[8]로 설명했다. 내면과 외면의 일치 문제를 신학적 가설에 의해 해결하는 대표적 사례들이다.

하지만 칸트가 인식론적 구도를 주체를 중심으로 대상이 회전하도록 바꿈에 따라 과거 형이상학을 괴롭히던 주객일치의 문제는 더 이상 제기되지 않게 된다. 마음을 거울로 보지 않고 어떤 정보처리장치로 생각하게 되면 참과 거짓의 문제, 표상의 객관성 문제는 주변부로 밀려나게 된다.

그럼 어떤 문제가 중심에 오게 되는가? 표상을 산출하

는 인식능력들이 얼마만큼 조화롭게 일치하느냐 하는 문제가 온다. 대상의 실재 여부는 의식의 능력을 초과하는 문제이자 이 세계를 창조한 신에게로 돌아갈 때만 해결할 수 있는 문제다. 그러므로 표상과 실재 간의 일치 가능성은 신학적 가설에 의해서밖에 정당화될 수 없다. 그러나 참된 인식(객관성)의 기준을 의식 내면으로 옮겨와 인식능력들 간의 통일성에서 찾아야 한다면 의식을 초월하는 신을 끌어들일 필요가 없게 된다.

둘째, 칸트의 코페르니쿠스적 전회는 시간 개념에서도 중대한 변화를 가져왔다. 칸트 이전의 사상사에서 시간은 자연의 규칙적인 운동(특히 천체의 운동)을 기준으로 측정되는 객관적인 사태였다. 그러나 칸트의 인식론에서 시간과 공간은 더 이상 인식 주체와 무관하게 실재하는 어떤 것이 아니다. 이것들은 다만 우리 의식이 외부 세계로부터 자극을 수용하는 감성적 직관의 형식에 불과하다. 의식의 바깥에 있던 시간이 자연의 운동에서 해방되어 의식 안으로 귀속된 것이다.[9]

칸트 이전까지는 동서양을 막론하고 언제나 자연의 운동, 특히 천체의 운동 같은 규칙적인 반복이 시간 표상의 기본적인 척도였다. 가령 『주역』에서는 사람의 인생이든 국가의 운명이든 인간사의 모든 일을 달이 차고 기우는 운동으로 돌아가 설명한다. 역사적 시간마저 자연의 순환적 운동을 모델로 이해되었다.

그러나 근대에 들어 시간은 자연의 운동과 구별되는 의식 고유의 내면적 사태로 바뀐다. 음악이나 회화 같은 근대 예술에서도 의식 고유의 체험을 다룬 작품들을 많이 볼 수 있다. 의식 외면적인 시간보다 의식 내면적인 시간을 중시한다는 것이 근대성의 중요한 특징을 이룬다. 이렇게 자연의 시간보다 우월한 의식 고유의 시간은 칸트에 의해 최초로 발견되었다.

이처럼 칸트의 코페르니쿠스적 전회에 의해 형이상학은 신학에서 해방되고, 의식의 시간은 자연의 운동으로부터 해방되었다. 하지만 칸트의 코페르니쿠스적 전회는 이들보다 더 중요한 귀결에 이른다.

셋째, 철학적 이성이 수학적 이성으로부터 해방된다. 철학적 이성은 당시까지 과학과 철학을 지배하던 수학적 이성과 분리되어 이제 자기 고유의 논리를 발견하게 된다. 17세기 과학혁명 이후 수학은 학문의 모델이었다. 이성은 언제나 수학적 이성을 의미했다. 합리성이란 측정 가능성과 연역적 증명에 기초한 수학적 합리성이었다. 따라서 모든 학문은 보편수리학의 이념 아래 하나로 통합되는 형국이었다.

철학마저 수학의 방법에 의존할 때만 엄밀한 학문으로 인정받았다. 가령 스피노자의 대표작 『윤리학』의 원제는 '기하학적 순서로 증명된 윤리학Ethica in ordine geometrico demonstrata'이다. 기하학적 논증을 모델로 철학적인 논증이 이루어지던 당대의 일반적 추세를 잘 보여주는 사례다.

그러나 칸트에 의해 코페르니쿠스적 전회가 이루어지자마자 철학은 수학으로부터 분리될 뿐만 아니라 그보다 우월한 권리를 주장하게 된다. 『순수이성비판』은 후반부(방법론)에서 수학적 사유와 철학적 사유가 왜 달라야 하는지에 대한 논거를 자세히 이어간다.

가령 수학은 정의에서 출발하지만 철학은 정의에 도달해야 한다는 따위의 차이를 문제 삼는다. 칸트에 따르면 수학은 정의에서 출발하여 개념을 분석적으로 구성해가기 때문에 보편타당하고 필연적일 수밖에 없다. 언제나 확실하고 틀릴 수가 없는 것이다. 그러나 철학은 여러 종합의 과정을 거쳐 정의에 도달하는 과정이므로 그 정의는 언제나 오류 가능성 아래 놓여 있다.

칸트는 수학적 합리성을 추구하는 능력을 지성이라 부르고, 이것을 철학적 사유 능력인 이성과 구별했다. 지성은 수학 및 자연과학을 포함한 모든 이론적 인식을 끌고 가는 능력이다. 이성은 이념과 관계하여 사유의 체계를 구축해 가는 능력이다. 수학과 그것에 기초한 과학은 지성을 통해 인식의 세계로 나아가는 반면, 철학은 이성을 통해 사유의 세계로 나아간다.

칸트는 수학과 철학을 분리하면서 동시에 인식과 사유, 그리고 지성과 이성을 구별한 것이다. 이전까지는 신학에, 그 이후에는 수학에 예속되어 있던 철학은 이로써 학문의 여왕이라는 우월한 위치를 다시 획득한 셈이다.

초월론적 차원이란 무엇인가

철학은 자연과학뿐만 아니라 신학, 수학 같은 학문과 구별된다. 구별되는 것으로 그치는 것이 아니라 다른 학문들보다 우월한 위치에 있다. 칸트는 철학에 특권적인 지위를 부여하는 차원, 다시 말해서 철학에만 고유한 차원을 '초월론적'이라 명명했다. 앞에서도 여러 번 언급했던 이 용어의 뜻을 이제 좀 더 깊이 생각해보자.

철학이 다른 학문과 비교할 때 가지는 변별적인 특징은 보통 '형이상학'이라는 말로 지칭되었다. 그리스어 '메타피직metaphysics'은 '자연학physics 너머meta에 있는 학문'이라는 뜻을 지닌다. 서양철학의 역사는 곧 '자연학 너머'의 '너머'에 대한 이해의 역사로 집약될 수 있다. 자연학을 넘어선다는 것은 감각적 경험의 차원을 넘어선다는 것이고, 그런 의미에서 초월적transcendent이라 한다.

그 상위의 초월적 차원은 때로는 본질로, 때로는 실체로, 때로는 신적인 것으로, 때로는 수학적인 것으로 간주되었다. 그러나 칸트는 그런 초월적인 것을 모두 폐기하고 그대신 초월론적인 차원을 열어젖혔다.

칸트 철학에서 초월적인 것(감각적 직관을 초과하는 것)은 물자체의 영역에 속한다. 그리고 경험적 지식, 다시 말해서 자연과학은 현상계에 속한다. 그러나 초월론적 차원은 물자체와 현상계의 사이에 위치하며, 그곳이 바로 철학이 자신의 고유한 원리를 수립하는 장소다. 칸트는 감성(현상계)과 초감성(물자체) 혹은 '형이하'와 '형이상'의 이분법에서 벗어나서 '초월론적'이라 명명되는 제3의 차원을 발견한 철학자다.

물자체와 현상계, 그리고 초월론적 영역이라는 3분적인 위상학은 주체의 둘레를 대상이 회전하도록 만든 관점의 변화에서 비롯된다. 그러므로 초월론적 차원의 발견도 역시 코페르니쿠스적 전회의 산물이다.

그렇다면 초월론적 차원이란 무엇인가? 칸트가 이를 정의하는 대목이 그리 많지 않기 때문에 이런 물음이 제기될 때는 『순수이성비판』 전반부에 나오는 다음의 문장이 자주 인용된다.

나는 대상들이 아니라 대상들 일반에 대한 우리의 선험적 개념들을 다루는 모든 인식을 초월론적이라 부른다. 그러한 개념들의 체계는 초월론 철학이라 일컬어질 것이다.
- 『순수이성비판』 초판 서론 11~12쪽

그렇다면 '선험적'이란 무엇인가? 이 말의 원어 '아 프리오리a priori'는 칸트 책에서 가장 자주 나오는 용어인 만큼 중요한 의미를 지닌다. 선험적이란 경험에 선행할 뿐만 아니라, 선행하면서 가능하게 해주는 어떤 것이다. 게다가 그냥 가능하게 해주는 것이 아니라 보편성과 필연성을 띠도록 가능하게 해주는 것이다.

경험 대상의 발생을 가능하게 하되 그 대상에 대한 경험이 보편성과 필연성을 띨 수 있도록 만들어주는 것, 그것이 선험적인 어떤 것이다.

그런데 경험적 인식에 선험적 요소가 개입한다는 것은 칸트 이전부터 이미 있어온 이야기다. 특히 데카르트나 라이프니츠와 같은 합리론자들의 인식론에서 중요한 역할을 하는 '본유관념'[10] 또한 선험적인 어떤 것이다. 그렇다면 본유관념의 선험성과 칸트적인 의미의 선험성은 어떠한 차이를 지니는가?

그것은 형이상학적 선험성과 초월론적 선험성의 차이로 돌아가 대답해야 할 물음이다. 그 차이는 정확히 발생의 문제에 개입하는 능력에 있다. 즉 형이상학적 선험성은 경험이나 그 대상의 발생을 설명하는 데 무력하다. 반면 초월론적 선험성은 그 경험적 대상의 발생을 정교하게 설명하기 위한 노력에서 나온 개념이다.

17세기 합리론의 본유관념은 수학이나 논리학의 기초

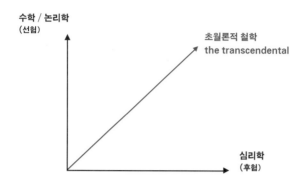

수학 / 논리학
(선험)

초월론적 철학
the transcendental

심리학
(후험)

칸트는 초월론적 차원을 발견함으로써, 철학을 수학 및 논리학으로부터 해방시키고 심리학과도 구분되는 위상으로 옮겨놓았다.

개념(공리)들을 모델로 정의된 형이상학적 개념이다. 그것의 선험성은 좁게는 수학적인 것이고 넓게는 형이상학적인 것이다. 그리고 형이상학적 선험성은 경험의 발생과 무관한 차원에 있다. 영국 경험론이나 그것을 이어가는 근대 심리학은 그런 경험의 발생에 대한 이론적 관심에서 탄생했다.

여기서 다시 한번 초월론적 차원의 위상학적 지위를 돌아볼 필요가 있다. 초월론적 차원은 물자체와 현상계 사이에 위치하는 것처럼 수학이나 논리학 같은 형식과학과 심리학 사이에 자리한다. 수학 및 논리학의 공리들, 가령 동일률이나 배중률 같은 원리들은 우리의 사고가 보편적 타당성을 띠기 위해 지켜야 할 형식적 조건을 가리킨다. 그러나 그것은 형식적 조건일 뿐이어서 사고 내용이 어떻게 발생하고 확장되는지 하는 문제에 대해서는 아무것도 말해주지 않는다.

사고 내용을 다루는 학문은 심리학이다. 그러나 심리학은 사고 내용의 발생 과정을 설명하되 왜 사고가 보편적이고 필연적일 수 있는지는 설명하지 못한다. 칸트적인 의미의 '선험적'이라는 말은 우리 사고의 보편적 타당성을 뒷받침하는 형식적 원리이자 사고 내용의 발생을 관장하는 종합의 원리다. 선험적인 것은 동시에 종합적이고, 그래서 앞에서 언급했던 것처럼 참된 판단은 언제나 '선험적 종합판단'이다.

칸트의 선험적 원리는 경험과 무관하게 저편 어디엔가 자리하는 순수 형식적 원리가 아니다. 그것은 경험이 발생하는 과정에 직접적으로 개입하는 보편적이고 필연적인 종합의 원리다. 그리고 그런 원리를 탐구하는 것이 바로 초월론적 철학이다.

철학의 신대륙을 발견하다

앞에서 언급했듯이 '초월론적'이라는 용어는 '트랜센덴탈 transcendental'의 번역어다. 이 말의 어원에는 트랜스-카테고리 알trans-categorial, 다시 말해서 '범주-초과적'이라는 뜻이 담겨 있다. 이 단어는 1128년에 철학자이자 독일 지역 궁중대신 필리페Philippe라는 인물이 처음 만든 것으로 알려져 있다.

당시에는 초월적이되 감성 초월적인 것을 '형이상학적'이라 불러왔다. 그러나 이미 형이상학적인 지위에 있는 범주를 다시 초월하는 것이 있다면 이를 어떻게 불러야 하는가? '트랜센덴탈'은 그런 물음에서 나온 신조어다.[11]

그런데 여기서 중요한 것은 이 물음이 아리스토텔레스의 범주론에 주석을 붙이는 도중에 제기되었다는 점이다. 앞에서 언급했듯이 칸트는 12개의 범주를 제시했지만, 아리스토텔레스는 그에 앞서 10개의 범주를 제시한 바 있다.

그런데 아리스토텔레스의 범주표에는 존재存在, 일자一者 등과 같이 훨씬 더 기초적인 것처럼 보이는 개념은 포함되어 있지 않다(칸트의 범주에서도 이것은 마찬가지다). 진선미 같은 개념도 마찬가지다. 인간 사고에 대해 가장 근본적인 것이라 해도 무방할 이런 개념들이 아리스토텔레스의 범주표에는 전혀 보이지 않는 것이다. 왜인가?

필리페는 그 이유를 근본 범주들이 논리학의 특수한 범주들 속에 숨어 있되 그것들을 초월한다는 데서 찾았다. 이때 초월적이라는 말은 두 가지 의미를 지닌다. 하나는 범주적 구별을 넘어선다는 것이고, 다른 하나는 모든 범주에 포함된다는 것이다.

즉 존재나 진리 같은 근본 범주는 논리학의 일반적인 범주로서는 포착될 수 없을 만큼 단순하며 범주에 의한 분류를 넘어설 만큼 보편적이다. 근본 범주는 일반 범주보다 우월한 상위의 보편성을 띠는 것이다. 과학적 보편성, 논리적 보편성을 초과하는 상위의 보편성을 띠므로 근본 범주는 모든 일반 범주 속에 포함될 수밖에 없고 실제로 포함되어 있지만, 그 일반 범주에 의해서는 포착될 수 없다. 논리적 범주에 의해 포착되지 않지만, 근본 범주는 범주를 정초하고 범주가 범주로서 성립할 수 있도록 만들어준다.

경험적 범주를 넘어서는 상위의 보편적 차원, 경험적 개념을 넘어서되 그 개념을 정초하는 근본 차원, 이것은 칸트적인 의미의 '트랜센덴탈'에도 고스란히 들어 있는 의미다. 다만 칸트는 그런 초월론적 범주를 일자, 존재, 진리 같은 것에서 찾은 것이 아니라 논리적 판단의 범주들에서 찾았을 뿐이다. 그러므로 '트랜센덴탈'의 개념에는 당연히 초월의 의미가 포함되게 된다.

초월론적 차원은 칸트가 철학사에 가져온 가장 위대한 발견이다. 칸트는 철학 고유의 영토, 신대륙을 발견한 철학의 콜럼버스다. 칸트 이후의 철학사는 초월론적 차원의 발굴 및 확장의 역사라 해도 과언이 아니다.

칸트가 '대학교수가 된 최초의 철학자'
로 불리는 이유는 무엇인가?

칸트는 1724년에 태어나 1804년 80세의 나이로
생애를 마감했다. 오늘날의 기준으로 하자면 거
의 100세 가까이 살았다고 할 만큼 장수한 셈이
다. 그러나 작은 체구에 평생 잔병을 치러야 했을
만큼 허약한 체질이었다. 아버지는 마구(馬具) 장
인이었고 어머니는 독실한 기독교 신자였는데,
칸트는 어머니에 대한 애착이 컸다고 전해진다.

가난한 집안에서 태어난 칸트는 그의 영특함을

알아본 주위 사람들, 특히 교회 목사들의 도움으로 대학까지 공부했다. 칸트가 유년 시절부터 꾸준히 지켜온 기독교 경건주의는 그의 윤리 사상에 절대적인 영향을 미쳤다.

칸트는 22세에 대학을 졸업한 후 대략 8년 정도 귀족 자녀들을 가르치는 가정교사로 생활한다. 피히테, 셸링, 헤겔 같은 칸트 이후의 독일 철학자들도 가정교사 생활을 하다가 대학교수가 되는 절차를 밟는데, 그런 첫 사례가 칸트다.

칸트는 30대에 대학으로 돌아와 박사학위 논문과 교수 자격 논문을 제출한다. 그리고 쾨니히스베르크 대학 사강사로서 15년 정도 교단생활을 이어간다. 당시 칸트는 가난해서 부업으로 도서관 사서로 일하기도 했지만 학계에 주목받는 여러 중요한 논문들을 발표한 후 마침내 46세에 정교수로 임명된다.

그런데 교수로 임명되자마자 좀 이상한 일이 벌어진다. 아무런 저작을 발표하지 못했던 것이다. 요즘의 대학교수를 생각하면 상상할 수 없는 일이지만 그런 시기가 10년 정도 이어진다. 그러다가 1781년 칸트는 57세의 나이에 야심작 『순수이성비판』을 발표하면서 학계의 중심인물로 부상한다. 그리고 1790년 『판단력비판』을 내놓는 66세까지 근 10년 동안 칸트는 전성기를 맞이한다.

대표작인 3대 비판서 외에도 대단히 중요한 저작들이 이때 쏟아진다. 유럽 전체에 충격을 줄 만한 대표작들을 선보이면서 칸트는 대학 총장도 두 번 연임하는 영예를 누린다. 은퇴 후에도 왕성한 저작 활동을 통해 철학의 거의 모든 문제들에 대해 값진 논문들을 발표한다.

칸트는 '강단 철학'의 대명사다. 칸트 이전의 철학자들은 대학교수가 아니었다. 가령 데카르트, 스피노자, 라이프니츠, 홉스, 로크, 흄 등은 모두 그 자신이 귀족이거나 귀족의 후원을 받아 대학 바깥에서 학문을 했다. 이와 달리 칸트는 대학 강단에 서서 학생들을 가르치며 그 시대를 대표하는 철학자로 부상한다. 이후 독일에서는 피히테, 셸링, 헤겔과 같은 철학자들이 그의 계보를 이어갔다.

2부_____

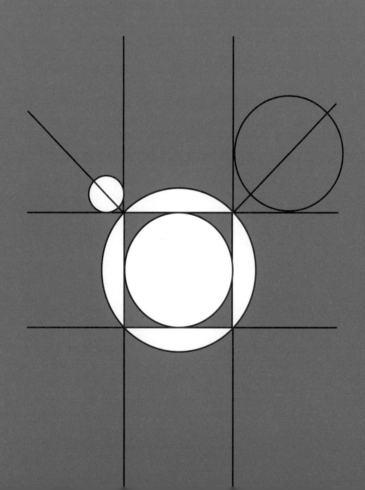

칸트의
윤리 혁명 -

덕 윤리에서
의무의 윤리로

『실천이성비판』

칸트는 『실천이성비판』을 통해 근대적인 삶에 부합하는 새로운 윤리학을 제시한다. 칸트의 '자유' 개념은 한없이 작고 유한한 인간일지라도 광대한 우주에 맞설 수 있는 용기를 가져다주었다. 이것이 바로 칸트가 우리에게 주는 희망의 근거이자 품격의 원천이다.

근대 윤리학을 열다

두 번째 코페르니쿠스적 전회

앞에서 『순수이성비판』을 중심으로 칸트가 이론철학에 가져온 코페르니쿠스적 전회에 대해, 이 전회의 귀결점들에 대해 논의했다. 이제부터는 『실천이성비판』을 중심으로 칸트가 실천철학에 가져온 변화에 대해 알아보자. 칸트는 인식론에서뿐만 아니라 윤리학에서도 거대한 전환을 가져왔는데, 그 전환 역시 코페르니쿠스적 도식으로 집약할 수 있다.

칸트 이전의 윤리학에서 중심에 놓이는 것은 언제나 '선善'이었다. 그리고 그 둘레를 도는 것은 '법法', 다시 말해서 도덕법칙이었다. 그러나 칸트는 이를 완전히 뒤집어

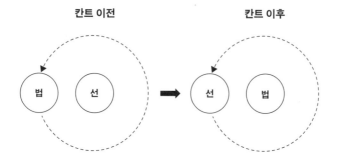

칸트 이전　　　　　　칸트 이후

법　선　　　　선　법

코페르니쿠스에 의해 태양과 지구의 자리가 바뀐 것처럼, 칸트는 선과 법의 자리를 바꿈으로써 윤리학의 혁명적 대전환을 가져왔다.

놓는다. 이른바 덕 윤리를 의무의 윤리로 대체하는 것이다. 이제 윤리학 전체에 의미를 부여하는 태양의 자리에는 도덕법칙이 놓이고 선이 그 주위를 회전하게 된다. 이런 윤리 혁명은 앞에서 살펴본 인식론 혁명과 유사한 구조를 지닌다.

　그렇다면 선은 무엇이고 법은 무엇인가? 선은 '좋음goodness'을 뜻한다. 좋음이란 우리에게 기쁨을 가져다주는 것, 우리를 행복하게 만들어주는 것을 말한다. '술맛이 좋다!' '음식 맛이 좋다!'라는 표현에서처럼 우리에게 즐거움을 주는 것, 그럼으로써 우리를 행복하게 해주는 것이 바로 선이다.

동서양을 막론하고 전통 윤리학의 근본 물음은 '이 세상에서 가장 좋은 것'으로 향했다. 인생을 즐겁고 행복하게 해주는 근본 원리, 행복한 삶의 마르지 않는 원천을 찾는 것이 고대 윤리학의 일차적 과제였다.

그렇다면 행복의 원천은 어디에 있는가? 누군가는 돈이나 권력에서, 누군가는 감각적 쾌락에서 그 원천을 찾을 수 있다. 누군가는 일이나 여가에서 찾기도 한다. 하지만 고대 철학자들은 항구적으로 우리를 즐겁게 해주는 원리를 찾고자 했다. 객관적으로는 영원한 진리나 신적인 것이, 주관적으로는 올바른 이성사용이나 의지사용이 그런 것의 사례였다. 이런 것들이 마르지 않는 기쁨의 원천으로서 행복한 삶을 보장해준다는 것이다.

그러므로 고대 윤리학에서 선이라는 것은 그냥 좋은 것이라기보다는 이상적으로 좋은 것을 의미했다. 고대 윤리학이 선의 이념을 통해 추구한 것은 단순히 행복한 삶에 국한된 것이 아니었다. 그 추구의 궁극적인 대상은 이상적인 삶을 살아가는 방도이자 그런 삶을 살아갈 이상적인 인간의 길이었다. '행복한 삶이란 무엇인가'라는 고대인의 물음은 '이상적인 인간이란 무엇인가' '이상적인 삶이란 무엇인가'라는 물음과 맞물려 있었다.

그렇다면 이런 선 중심의 윤리학에서 도덕법칙은 어떤 의미를 지니는가? 그것은 선이 가리키는 이상적인 삶을 실현하기 위한 방법, 이상적인 인간이 되기 위한 규칙을 의미한다. 삶에 항구적인 즐거움을 가져올 뿐만 아니라 우리를 최상의 인간으로 만들어줄 선이 윤리적 실천의 목적일 때, 그 목적을 이루기 위해 취해야 할 수단이 곧 도덕법칙인 것이다.

따라서 도덕법칙은 그 자체로서 독자적인 지위를 지니는 어떤 것이 아니다. 도덕법칙은 선을 어떻게 설정하느냐에 따라 달라지는 어떤 것이고, 그런 의미에서 선의 둘레를 회전하는 위성에 불과하다.

칸트는 이런 선과 법의 관계를 완전히 바꾸어놓는다. 법을 윤리학 전체에 의미를 부여하는 태양의 자리에 놓고 선을 종속적인 위치에 두는 것이다. 칸트는 이처럼 선 중심의 윤리학을 법 중심의 윤리학으로 대체한다. 이렇게 위치가 바뀌면서 법과 선 각각의 의미도 달라진다.

법은 이제 사회 구성원이 합의할 수 있는 최소한의 보편적 규칙이 된다. 그 규칙은 예외를 허용하지 않는 절대적 구속력을 가져야 한다. 그리고 그 절대적인 규칙에 부합하는 행동은 '선하다' '좋다' '착하다'라고 말해지는 반면, 그 규칙에 어긋나는 행동은 '악하다' '나쁘다' '죄다'라고 말해진다. 선악은 이제 그 자체로 독자적인 의미를 지니는 것이 아니라 도덕법칙과의 일치 여부를 가리키는 술어에 불과하다.

칸트 윤리학의 시대 배경

그렇다면 칸트는 왜 선과 법의 관계를 전도시킨 것일까? 이 물음에 답하기 위해서는 근대적인 삶의 특성을 떠올려볼 필요가 있다. 근대적인 삶이란 도시를 배경으로 한다. 도시는 출신, 교육 배경, 종교적 신념이 서로 다른 사람들이 끊임없이 이합집산하는 장소다.

이와 달리 고대인들은 동일한 문화적 관습과 전통 안에서 공동체를 이루며 살았다. 그렇기에 구성원들의 사고방식이 대체로 동질적이었다. 동질적인 구성원들 사이에서는 인생에서 가장 좋은 것(선)을 놓고 합의한다는 것이 그리 어렵지 않았다. 종교, 풍속, 교육 배경이 같은 사람들에게 이상적인 인간형과 최선의 삶에 대해 토론하고 의견 일치를 끌어낸다는 것은 얼마든지 가능한 일이었다.

그러나 출생 지역, 문화나 교양, 종교적 신념이 서로 다른 사람들이 모인 도시에서 이상적인 인간이란 무엇이고 최선의 삶이란 무엇인지를 놓고 합의한다는 것은 쉬운 문제가 아니다.

가령 신을 믿는 자와 믿지 않는 자, 이슬람교도와 기독교인처럼 종교가 다른 사람들은 서로 화해하기 어려운 인생관을 가지기 마련이다. 종교적 신념의 차이는 대규모 전쟁과 테러의 원인이 될 만큼 간극을 줄이기 쉽지 않다. 풍속이 다르고 신념이 다른 사람들 사이에서 '나는 어떻게 살아야 하는가'라는 물음은 거의 합의 불가능한 주제에 가깝다.

따라서 문화적 배경이 다른 사람들이 이합집산하는 곳일수록 규칙을 적게 하는 것이 평화의 길이다. 구성원들이 사이좋게 살기 위해 요구되는 최소의 규칙을 정하는 것, 그렇게 정해진 규칙은 무조건 따르는 것, 이것이 평화롭게 사는 길이다. 법 중심의 윤리학은 이런 필요성에서 유래한다. 법 중심의 윤리학에서 도덕법칙은 보편적이고 절대적인 구속력을 지니고, 그런 의미에서 의무라 불린다.

칸트는 근대적인 삶이 요구하는 이런 의무의 윤리학을 가장 먼저, 그리고 완결된 형태로 제시한 철학자다. 칸트에 의해 고대의 덕 윤리는 도시적인 삶에 부합하는 의무의 윤리로 전환된다. 칸트 이후 의무의 윤리학에서는 더 이상 이상적인 인간이 아니라 이상적인 법칙이 궁극의 물음의 대상이 된다. 그렇다면 이상적인 법칙이란 무엇인가? 그것은 개인에게는 자유를, 사회에는 정의를 허락하는 법칙이다.

덕 윤리에서 의무의 윤리로

행복한 인간으로 살아가는 방법에 대한 탐구였던 고대 윤리학은 행복한 삶의 원리를 선이라 명명했다. 서양에서는 아리스토텔레스의 윤리학이, 동아시아에서는 공자와 맹자의 사상이 고대 윤리학을 대변한다. 그렇다면 선을 중심에 두는 동서의 고대 윤리학은 왜 덕 윤리라 불리는 것일까?

서양에서 덕이라는 말은 남성적인 힘을 뜻하는 라틴어 '비르투스virtus'에 어원을 둔다. 수렵, 농경 시대에는 동물이나 적의 공격으로부터 친지를 지키는 능력이 남성의 최고 덕목이었을 것이다. 그러나 문명화된 사회에서는 근육의 힘보다는 정신의 힘이 훨씬 우월한 것으로 간주된다. 덕은 이상적인 가치, 다시 말해서 선을 내면화했을 때 생기는 힘을 의미한다.

매일 체력을 단련하면 근육의 힘이 세어지듯이 마음도 매일 도야(陶冶)하면 실천의 역량이 강해지기 마련이다. 그런 정신적 도야는 선이라는 가치를 체득해가는 과정과 같다. 실천의 역량을 쌓아가는 훈련, 덕성을 쌓아가는 연습, 그리고 마침내 이상적 인간에 가까워지려는 노력은 선을 내면화하고 선과 하나가 되어가는 과정이다. 선은 덕이라 불리는 도덕적 역량의 원천으로 간주되었고, 그런 까닭에 선 중심의 윤리는 덕 윤리라 불린다.

이런 덕 윤리는 구성원들 사이에 종교적, 문화적 공통분모가 큰 사회에서 성립했다. 구성원들이 이상적 가치(선)에 대한 이해를 공유하는 사회를 배경으로 하므로 덕 윤리는 개인보다는 공동체를 우선시하는 공동체주의와 함께 간다. 공동체주의의 관점에서 개인은 공동체 안에서 비로소 태어나고 양육된다. 개인의 정체성은 공동체의 규범을 자발적으로 내면화하고 수호하는 데 있다.

반면 근대 사회에 부합하는 법 중심의 윤리, 의무의 윤

칸트 이전(고대 윤리학)	
선	기쁨, 행복의 원천
법	선을 실현하기 위한 규칙, 방법
덕 윤리	이상적인 인간과 이상적인 삶에 대한 물음, 공동체주의

칸트 이후(근대 윤리학)	
선	도덕법칙에 일치하는 행동
법	공동체 구성원이 지켜야 할 보편적 법칙, 의무
의무의 윤리	자유와 정의에 대한 물음, 개인주의

칸트는 선을 중심에 두던 고대 윤리학에서 벗어나 근대적 삶에 부합하는 법 중심의 근대 윤리학을 제시했다.

리는 개인주의와 함께 간다. 개인주의는 일반적으로 공동체의 규범보다는 개인의 자유를 더 중시한다. 개인의 존엄성보다 더 우월한 가치는 없다는 것이다.[1]

자유, 신성불가침한
인격의 존엄성

인격의 절대적 존엄성

칸트 윤리학에서 중심을 차지한 도덕법칙은 공동체에 의해 주입된 규범이 결코 아니다. 그것은 개인이 자신의 양심 속에서, 자유의 체험 속에서 스스로 깨닫는 어떤 것을 의미한다.

그러나 우리는 보통 법칙이라 하면 외적인 강제로 받아들이는 경우가 많다. 고대 중국의 법가 사상이 인간을 철저히 타율적인 존재로 보고 정치의 요체를 엄격한 형벌에 두었던 것도 그런 생각에 기초한다.

그러나 칸트가 생각하는 법칙은 개인의 자율적인 의지와 분리할 수 없다. 개인의 자유로운 의지사용과 결정에서 나온 것이 도덕법칙이라는 것이다. 그러므로 도덕법칙은 보편적일수록 자율성으로 특징지어지는 실천적 자유를 입증한다.

자유를 법칙의 원천으로, 법칙을 자유의 구체적인 증거로 정의하는 칸트 윤리학에서 법칙과 자유는 동전의 양면처럼 분리 불가능한 일체를 이룬다. 그리고 법칙과 자유가 일체를 이루며 만드는 두께는 인격성이라 불리는데, 그 인격성 안에서 인간은 비로소 신성불가침의 절대적 존엄성을 얻는다.

인간을 (감성 세계의 일부로서의) 자신을 넘어서게 하는 바로 그것, (…) 그것은 인격성이다. 인격성은 자연 전체의 기계적 질서로부터의 자유이자 독립성이며 동시에 자신에 고유한, 자기 자신의 이성에 의해 주어진 순수 실천 법칙들에 복종하는 존재자의 능력으로 보이는 어떤 것이다. (…) 인간은 비록 충분히 신성하지는 못하지만, 그러나 그의 인격에서 인간성은 그에게 신성하지 않을 수 없다. (…) 인간은 곧 그의 자유가 지닌 자율의 힘에 의해 신성한 도덕법칙의 주체다.
–『실천이성비판』전집 5권 86~87쪽

신성불가침이라는 것은 어떤 경우에도 도구나 수단이 될 수 없다는 것을, 다시 말해서 '목적 그 자체'가 된다는 것을 의미한다. 인간은 그 인격성에 힘입어 존재자의 질서에서 그보다 상위의 목적을 상상할 수 없는 위치에 자리할 권리를 얻는다. 윤리학은 그런 인간의 인격적 존엄성에 대한 증명이다.

여기서 다시 칸트 철학의 근본 물음들로 돌아가자. 나는 무엇을 알 수 있는가? 나는 무엇을 해야 하는가? 나는 무엇을 희망할 수 있는가?[2]

칸트는 이상의 세 가지 물음이 '인간이란 무엇인가?'라는 물음으로 수렴 및 통일된다고 보았다. 이런 언급은 두 가지 관점에서 읽을 수 있다. 그것은 먼저 앎, 행위, 희망의 가능성에 대한 물음을 통해서만 인간의 본성에 대한 물음에 답할 수 있음을 암시한다.

그러나 그것은 거꾸로 인간의 본성에 대한 특정한 이해 속에서만 앎, 행위, 희망의 가능성에 대한 물음에 답할 수 있음을 암시하기도 한다. 그렇다면 그 세 가지 근본 물음 속에서 예상되거나 전제되는 인간의 본성은 무엇인가?

그것은 어떤 먼 곳에 관계하는 데 있으며, 그 원격적인 관계 속에서 자기를 부단히 도야 및 향상해가는 데 있다. 또한 이런 인간의 모습은 '나는 무엇을 해야 하는가?'라는 두 번째 물음 속에서, 인격성으로 집약되는 윤리적 인간관을 통해 가장 확연히 드러난다. 칸트 윤리학은 칸트 철학 전체를 지탱하는 인간 개념의 근간을 제시하고 있는 셈이다.[3]

자유 이념의 특권적 지위

칸트 윤리학은 인격성이라는 특정한 인간 개념을 예상하는 동시에 전제한다. 인격성은 이미 언급했던 것처럼 자유와 도덕법칙의 상호 맞물림에 의해 정의된다. 칸트는 이것을 상호 지시의 관계로 부연한다.

즉 자유와 도덕법칙은 서로를 개시, 입증하는 관계에 있다. 법칙은 신성한 어떤 것이되 의지에 소원한 외적 강제력이 아니다. 법칙은 의지의 자율성에, 다시 말해서 실천적 자유에 기원을 둘 때만 진정한 법칙으로 승인된다.

이때 칸트는 자유란 직접적으로 체험되는 것이 아님을 강조한다. 자유는 그것에 의해 산출된 도덕법칙을 통해 비로소 체험된다.[4] 인격적 주체는 자신의 양심 속에서 명령하는 도덕법칙에서 자신의 자유를 확신할 증거를 본다. 왜냐하면 자유(의지의 자율성)가 아니라면 그 법칙은 존재할 수 없음을 알기 때문이다. 인격적 주체는 그런 자신의 자유를 확신하는 가운데 마침내 이념의 세계 전체를 의미로 가득한 체계로 바라보는 관점을 획득한다. 그런 점에서 자유는 순수 이성 체계 전체의 구심점에 해당한다.

무릇 자유 개념은 순수 이성 체계 전체에서 마룻돌을 이룬다. 그리고 사변 이성에 남아 있는 [신, 영혼 불멸 같은] 여타의 모든 개념들은 이제 이 자유 개념에 연결되어, 이 개념과 함께 그리고 이 개념을 통하여 존립하고 객관적 실재성을 얻는다. (…) 왜냐하면 이 이념은 도덕법칙에 의해 개시되기 때문이다. 게다가 자유는 사변적 이성의 모든 이념들 가운데 우리가 선험적으로 알 수 있는 유일한 이념이다. 왜냐하면 자유는 우리가 알고 있는 도덕법칙의 조건이니 말이다.
–『실천이성비판』 전집 5권 3~4쪽

마룻돌은 벽돌 아치의 맨 꼭대기에 넣어 좌우를 이어주는 키스톤key stone을 말한다. 칸트는 순수 이성 체계에서 그런 종석宗石의 위치에 있는 것이 자유임을 강조한다. 도덕법칙에 의해 개시되는 자유가 단지 윤리학의 중심일 뿐만 아니라 순수 이성 체계 전체의 중심이라는 것이다. 왜 그런가?

자유는 모든 이념들 가운데 우리가 선험적으로 알 수 있는 유일한 이념이기 때문이다. 사변 이성에 남아 있는 여타의 모든 이념들은 이런 자유의 이념에 연결될 때만 비로소 구체적으로 이해 가능해지고 비로소 객관적 실재성을 얻을 수 있다. 이 점에서 자유는 예지계[5]에 속하는 이념들 중에서 대단히 독특하고 특권적인 위치에 있다. 자유는 예지계로 가는 출구에 해당한다.

도덕법칙, '이성의 유일한 선험적 사실'

이런 칸트의 자유 개념에 대해 더 알아보기 전에 먼저 자유와 도덕법칙의 관계에 대한 칸트의 생각을 좀 더 조사해 보자. 『실천이성비판』(1788) 이전에 출간된 『윤리형이상학 정초』(1785)에서 자유와 도덕법칙은 악순환 관계에 있는 것으로 간주된다. 자유는 도덕법칙에 의해 개시되는 어떤 것이면서 동시에 도덕법칙의 조건이기 때문이다. 자유는 도덕법칙의 근거인 동시에 도덕법칙에 의해 근거 지어지는 것처럼 보인다.

그러나 『실천이성비판』에서 자유와 도덕법칙은 합리적인 파악을 넘어서는 어떤 것으로 언명된다. 불가해한 가운데 그 자체로 자명한 사실로서 받아들일 수밖에 없는 '순수 이성의 사실Faktum der reinen Vernunft'로 선언되는 것이다. 특히 단순한 경험적 사실이 아닌 이성의 '유일한' 선험적 사실로 선언된다는 것이 주목을 끈다.

윤리학이 가능하기 위해 우리가 받아들여야 하는, 그러나 더 이상 배후로 소급할 수 없는 어떤 원천적이고 근원적인 사실이 있다는 것이고, 이 사실을 구성하는 두 측면이 바로 도덕법칙과 자유라는 것이다.

이 근본 법칙에 대한 의식을 우리는 이성의 사실이라 부를 수 있다. 왜냐하면 우리는 이 근본 법칙을 이성의 선행하는 자료로부터, 예컨대 자유의 의식으로부터 도출해낼 수 없고, 오히려 그것이 그 자체로서 우리에게 닥쳐오기 때문이다. (…) 우리는 그것이 경험적 사실이 아니라 이 법칙을 통해 자신이 근원적으로 법칙 수립적임을 고지하는 순수 이성의 유일한 사실임을 명심해야 한다.
-『실천이성비판』전집 5권 31쪽

도덕법칙은 어떤 것에 의해 합리적으로 해명되기를 거부한 채 우리 의식에 무조건 닥쳐오는 어떤 것이다. 그렇게 마주치는 법칙 앞에서 의식은 모든 능동성을 잃어버리고 전적인 수동성에 빠질 수밖에 없다. 그러나 역설적으로 자신에게 그런 수동성을 강제하는 법칙 앞에서만 의식은 이성의 선험적 입법 능력을 자각하게 된다.

그러므로 칸트는 자유를 도덕법칙의 존재근거^{ratio essendi}로, 도덕법칙을 자유의 인식근거^{ratio cognoscendi}로 간주한다. 자유와 도덕법칙은 동전의 양면처럼 하나의 동일한 사실의 두 측면, 다시 말해서 객관적 측면과 주관적 측면에 해당한다는 것이다.

이것이 칸트의 최종적인 결론인 것처럼 보인다. 그러나 여기에 도달하기까지 칸트의 윤리적 성찰은 아주 복잡한 여정을 통과해야만 했다.

지금부터 잠시 칸트가 자유에 대한 최종적 결론에 이르는 과정을 정리해보자. 그리고 이를 위해 일단 『순수이성비판』에서 출발해보자.

『순수이성비판』 후반부에서 우리는 '초월론적 자유'에 대한 길고 진지한 논의를 읽을 수 있다. 그러나 이후의 저작에서는 더 이상 초월론적 자유는 언급되지 않는다. 그 대신 의지의 자율성을 핵심으로 하는 '실천적 자유'가 등장한다. 이 두 종류의 자유는 어떠한 관계에 있는 것일까?

이를 위해서 먼저 초월론적 자유가 무엇인지부터 알아보도록 하자. 아주 간략히 요약하자면 『순수이성비판』에서 자유론의 출발점은 코기토cogito에 있다. 자유는 사유하는 주체의 순수 자발성으로 돌아가서 파악해야 한다는 것이다.

이때 칸트가 말하는 초월론적 자유란 자연의 인과성과 구별되는 다른 종류의 인과성을 개시하는 능력이다. 인과적인 연쇄로 일어나는 사건들에 최초의 시작을 가져오는 순수 자발성의 능력을 초월론적 자유라 부르는 것이다.

초월론적 자유에 의한 인과성은 물론 현상계(자연) 안에서는 일어날 수 없다. 그것은 다만 현상계 배후의 예지계에서만 기대할 수 있는, 따라서 자연의 인과성과는 다른 종류의 인과성이다. 어떠한 인과성인가?

그것은 당위의 세계가 펼쳐져가는 인과성, 당위적 연쇄를 가져오는 자유의 인과성이다. 따라서 초월론적 자유라는 개념은 두 세계의 구분에 근거한다. 현상계와 예지계를 구분하는 연장선상에서 자연의 인과성과 대립하는 자유의 인과성을 설정하고, 그 새로운 인과성을 유발하는 능력을 초월론적 자유라 부르는 것이다.

『순수이성비판』 전반부가 현상계에서 자연의 기계적 인과성이 어떻게 펼쳐지는지를 이야기한다면, 후반부는 현상계와 구별되는 예지계에서 자연의 인과성과 구별되는 자유의 인과성이 어떻게 펼쳐질 수 있는지를 이야기한다. 칸트가 이런 두 가지 논의를 통해 내리고자 하는 결론은 두 세계의 공존 가능성이다.

자연과 자유, 존재와 당위, 사실과 가치로 나뉘는 두 세계가 있되 이 두 세계는 서로 모순되지 않는다는 것이다. 첫 번째 비판서에서 칸트는 당위의 질서를 여는 초월론적 자유가 자연의 인과적 필연성과 양립할 수 있음을 이론적으로 증명하고자 한 것이다.

자유의 증명 불가능성

칸트는 『순수이성비판』 이후 『윤리형이상학 정초』에서 한 걸음 더 나아간다. 자유의 인과성이 자연의 인과성과 양립할 수 있다는 수준에서 만족하지 않는 것이다. 칸트는 이제 자유의 인과성이 객관적으로 실재함을 얼마든지 증명할 수 있다는 믿음을 개진한다.

그러나 문제는 이런 계획이 도중에 멈춘다는 데 있다. 최종적 증명을 위한 예비 작업들로 그치는 것이다. 훗날 『실천이성비판』에 나오는 정언명법[6]이나 자율성 같은 중요한 개념들이 이런 예비 작업의 산물이다.

그러나 결국 이런 것들을 정초할 마지막 원리인 자유의 객관적 실재성은 증명하지 못한 채 끝이 나고 만다. 다음은 『윤리형이상학 정초』 후반부에 나오는 대목이다.

만약 이성이 어떻게 순수 이성이 실천적일 수 있는가를 설명하고자 기도한다면, (…) 이것은 어떻게 자유가 가능한가를 설명하는 과제와 온전히 한 가지의 것일 게다. (…) 그런데 자유는 순전한 이념으로서, 어떠한 가능한 경험에서도 밝혀질 수 없으며, 그러므로 이 이념에는 결코 어떤 유비에 의해서도 하나의 실례도 제시할 수 없기 때문에, 결코 개념적으로 이해될 수도 없고 단지 통찰될 수도 없다. (…) 자유는 단지 이성의 필연적인 전제일 뿐이다.
-『윤리형이상학 정초』 전집 4권 459쪽

이 문장은 윤리학 전체의 가능성은 궁극적으로 자유의 가능성에 의존한다는 사실을 언명하고 있다. 실천적 규범의 세계 전체가 자유의 가능성을 중심으로 구조화된다는 것이다. 따라서 당연히 자유란 무엇인지, 어떻게 가능한지 구체적으로 따져보는 것이 윤리학의 일차적 과제가 된다.

그러나 이 과제와 씨름하던 칸트의 모든 노력은 미궁에 빠지고 만다. 자유라는 것이 이성의 필연적인 전제임에는 틀림없으나 결국 구체적인 사례를 들 수도, 개념적으로 파악될 수도, 이성적으로 통찰할 수도 없는 불가해한 사태라는 결론에 이른다. 신비한 자유의 이념 앞에서 이성은 전적인 무능력과 유한성을 경험한다.

어떻게 순수 이성이 실천적일 수 있는가, 이것을 설명하는 데는 모든 인간 이성은 전적으로 무능력하고, 이를 설명하려는 모든 노고는 헛된 것이 되고 만다.
—『윤리형이상학 정초』전집 4권 461쪽

칸트는 이성 체계의 중심에 자유를 놓고 그 자유의 객관적 실재성을 입증하려고 부단히 노력했다. 그러나 최후에

깨달은 것은 자유 이념의 불가해성이다. 자유를 이론적으로 엄밀하게 증명한다는 것은 부질없는 일이라는 것이다. 따라서 칸트는 『윤리형이상학 정초』이후에 집필한 『실천이성비판』에서는 자유의 객관적 실재성을 증명하려 하지 않는다.

다만 '이성의 선험적 사실'로 받아들인다. 자유는 설명하거나 증명할 수 없는 것이기에 우리에게 무조건 닥치는 주관적 사실로서, 혹은 윤리학의 가능성을 위해 반드시 전제되어야 하는 어떤 요청으로 언명하는 것이다.

도덕적 판단은 어떻게
이루어지는가

도덕적 판단의 메커니즘

칸트는『순수이성비판』에서 마음의 새로운 모델을 정립하고 이론적 판단의 작동방식을 상세히 분석한다. 그리고『실천이성비판』에서도 이와 마찬가지로 실천적 판단의 메커니즘을 새롭게 제시한다. 우리는 그것을 아래와 같은 도표로 정리해볼 수 있다.

이 도표에서 일차적으로 주목해야 하는 것은 중앙의 수직축이다. 이 축에 의해 비로소 도덕법칙에 해당하는 명법(정언명법)과 도덕적 행위의 주체인 의지가 서로 연결되고 있다.

결국 칸트에게 도덕적 주체는 카프카의 소설『법 앞에

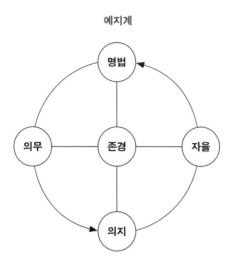

예지계

명법

의무 존경 자율

의지

예지계(이념의 세계)에서 일어나는 윤리적 판단의 메커니즘이다. 여기서 인간은 법 앞에 수동적인 의무와 능동적인 자율의 상황에 함께 놓여 있다.

서』[7]를 빌려 표현하자면 '법 앞의 인간' '법 앞에 서 있는 인간'이다. 법칙을 떠난 도덕적 주체나 윤리적 실천은 생각할 수 없다는 것이다.

우리는 앞에서 칸트가 이론적 판단을 선험적 종합판단으로 정의한다는 것을 보았다. 감성적 직관의 내용과 지성의 선험적 규칙(범주)이 결합하여 성립한다는 의미에서 이론적 판단은 선험적 종합판단이다.

마찬가지로 칸트는 도덕적 판단도 선험적 종합판단으로 간주한다. 다만 실천의 세계에서는 지성이 아니라 이성이 정언명법이라는 선험적 규칙을 제공하는 위치에 있다. 그리고 선험적 규칙인 정언명법은 경험의 세계에 있는 의지의 내용과 결합되어 선험적 종합판단이 된다.

그런데 의지는 두 가지 방향 혹은 두 가지 방식으로 정언명법에 관계한다. 그것을 표시하는 것이 앞의 도표에 나오는 좌우의 두 축이다. 왼쪽 축은 도덕법칙의 강제력을 표시한다. 정언명법 앞에서 의지는 수동적으로 강요되는 상황에 있다. 도덕법칙의 명령을 의지는 의무로 받아들여야 한다.

그러나 의지는 법칙 앞에서 능동적인 위치에 있기도 하다. 그것을 표시하는 것이 오른쪽 축이다. 의지는 법칙을 자발적으로 인정할 뿐만 아니라 스스로 제정한다. 더 정확히 말해서 의지는 자신이 스스로 제정한 법칙만을 자신의 의무로서 받아들인다. 의지는 도덕법칙에 대해 수동적인 복종의 위치에 있을 뿐만 아니라 능동적인 자율의 위치에 있는 것이다. 도덕적 주체는 스스로 수립한 법칙에 대해서만 복종해야 한다는 것이 칸트 윤리학을 끌고 가는 기본적 직관이다.

의지, 도덕적 판단의 주체

그럼 지금부터 앞의 도식에 등장하는 주요 개념들을 차례대로 검토해보자. 가장 먼저 의지will가 있다. 칸트가 말하는 의지는 욕망의 일종이다.[8] 여기서 칸트가 상위의 인식능력으로 세 가지를 꼽았음을 다시 기억하자. 인식(앎)의 능력, 욕망의 능력, 감정(쾌-불쾌)의 능력이 바로 그것이다. 그중 실천의 세계를 여는 최초의 능력 혹은 상위의 능력은 욕망이다.

욕망의 능력은 앎의 능력과 대조를 이룬다. 앎의 능력이 표상하는 데 그친다면 욕망의 능력은 표상된 것을 실제로 생산하는 힘을 지닌다. 앎의 능력이 어떤 것을 마음에 떠올리게 만든다면, 욕망의 능력은 마음속에 있는 것을 현실 속에 있게 만든다. 어떤 것을 그냥 마음속에 품어두는 것이 아니라 객관적으로 실재하게 만드는 생산적 능력이 욕망이다. 욕망은 표상된 대상을 현존하게 만드는 인과적 실행의 역량이다.

이런 욕망을 자극하는 것은 여러 가지가 있다. 욕망은 돈, 음식, 술과 같이 생물학적 충동을 만족시키는 물질들뿐만 아니라 희로애락 같은 다양한 감정에 의해서도 자극받는다.

그런데 이런 것 말고도 욕망을 자극하고 움직이게 만드는 것이 있는데, 가령 양심 같은 것을 꼽을 수 있다. 순수 정신적 표상에 의해 움직일 수 있는 것이 인간의 욕망이다. 그렇다면 욕망을 자극하는 양심이란 무엇인가?

칸트에게 그것은 이상적인 법률가의 양심이다. 입법을 추구하는 이상적인 법률가는 법을 제정할 때 정의를 생각해야 한다. 그렇다면 우리가 생각할 수 있는 가장 정의로운 법이란 무엇인가?

칸트의 용어로 하면 정의로운 법은 누구에게나 보편적이어야 한다. 그리고 보편적일수록 법은 어떤 내용을 가져서는 안 된다. 특정 내용을 가질수록 그 법은 특정 사안에만 적용될 수 있다. 따라서 이상적인 법일수록 내용이 적어지고 마침내는 보편적인 입법의 형식만을 내용으로 해야 한다.

욕망은 그런 보편적인 입법의 형식에 의해 동기화될 때,

다시 말해서 이성적인 규칙에 의해 규정될 때 의지라 불린다. 그러므로 의지는 욕망의 일종이되 감정이나 육체적 충동에 의해 규정되는 정념적인 욕망과 구별된다. 의지는 모든 사람들에게 공평한 규칙의 조건이 무엇인가를 탐색하는 이성에 의해 자극되는 욕망이며, 이런 욕망을 일컬어 '선의지good will'라 한다.

칸트는 "오로지 선의지만이 절대적으로 선하다"는 말을 되풀이한다. 선은 실천적 주체와 무관하게 객관적으로 실재하는 것은 아니다. 그것은 다만 실천적 주체에 의해 생산되는 어떤 것이다. 선은 이상적인 법칙의 조건을 스스로 찾고 그 조건에 따라 실천할 때 생기는 의지의 속성에 불과하다.[9] 행위의 세계, 도덕의 세계, 실천의 세계에서 주체는 의지다.

의지는 관념에 불과한 표상을 현실적인 어떤 것으로 생산하되 모든 사람에게 보편적으로 타당한 입법의 조건에 따라 생산하는 능력이다. 칸트가 말하는 정언명법이란 그런 의지를 규정하는 보편적 입법의 형식적 조건을 가리킨다. 거꾸로 의지는 그런 정언명법에 따를 때만 선하다는 자격을 얻는다.

존경, 도덕적 판단의 원동력

의지 다음에는 존경respect이 있다. 존경이란 정확히 말하면 '도덕법칙에 대한 존경'을 의미한다. 칸트는 도덕적 판단이 일어날 수 있게 만들어주는 '동기'를 존경에서 찾았다. 이 말의 독일 원어 'Triebfeder'는 원동력을 의미하는데, 요즘 말로는 엔진이나 모터 같은 동력 장치에 해당하는 용어다.

자동차가 아무리 많은 장치로 이루어져 있다 해도 그것이 굴러가기 위해서는 가장 먼저 엔진이 있어야 한다. 마찬가지로 도덕적으로 선한 판단은 여러 조건이 갖추어져야 성립할 수 있지만, 도덕적 판단의 메커니즘 전체가 실제로 작동하기 위해서는 존경이 있어야 한다.

칸트는 존경의 반대편에 있는 것을 경향성inclination이라 부른다. 이것은 우리가 신체를 가졌기 때문에 생기는 충동이나 본능들, 감정과 정서들 일반을 가리킨다. 욕망은 많은 경우 이런 경향성에 의해 움직일 때가 있다. 특히 감정에 의해 욕망이 자극되는 경우가 많다.

그렇기 때문에 어떤 철학자들은 도덕의 기원을 착한 마음씨나 이타적 감정에서 찾기도 했다. 특히 흄, 허치슨을 비롯한 동시대의 많은 영국 철학자들은 도덕의 기원을 동정심이나 연민 같은 심리 상태에서 찾았다. 칸트는 한때 이들의 이론을 따르기도 했으나 마침내 이를 극복하고 새로운 도덕적 판단의 모델을 제시한다.

칸트에 따르면 좋은 감정이든 나쁜 감정이든 모두 경향성의 일종이다. 그리고 아무리 이타적인 감정이라 해도 경향성에 의해 자극되는 욕망은 도덕적으로 선한 가치를 지닐 수 없다. 경향성에 의해 유발된 행위는 그 어떤 것이라 해도 도덕적으로 무의미하다는 것이다.

가령 누군가 거지를 보고 마음이 동해서 돈을 주었다고 해보자. 그런 행위는 많은 경우 동정심이나 자비심, 측은지심 같은 데서 비롯한다. 그러나 이런 것은 모두 경향성에 속하는 것들이고, 따라서 그것에 의해 동기화된 행위는 도덕적으로 의미가 없다. 선한 행위도 악한 행위도 아닌 것이다. 칸트에게 선악이라는 도덕적 가치는 행위를 유발하는 동기에서 찾아야 한다. 그리고 그 동기가 오로지 도덕법칙에 대한 존경에 있을 때만 행위는 비로소 선한 가치를 인정받는다.

존경은 의지가 도덕법칙에 의해 촉발되는 모습에 대한 이름이다. 칸트는 도덕법칙을 '이성의 유일한 선험적 사실'

이라 불렸던 것처럼 존경을 다시 '이성의 유일한 선험적 정서'라 부른다.[10] 이것은 '둥근 사각형'과 같은 일종의 형용 모순이라 할 수 있다. 왜냐하면 정서는 신체의 자극을 전제하고, 따라서 경험적인 차원에서만 성립할 수 있기 때문이다. '이성의 유일한 선험적 정서'라는 역설적인 표현은 이론적 설명을 넘어서는 실천적 자유의 불가해성 때문에 빚어지는 부조리일 것이다.

칸트 윤리학은 현상계 저편의 예지계에서 펼쳐진다. 지성이 범주들을 통해 현상계를 조직한다면, 이성은 (자유, 영혼, 우주, 신 같은) 이념들을 통해 예지계를 구축해간다. 이런 예지계는 초-감성적인 세계이므로 여기에는 어떠한 감정도 있을 수 없다. 그러나 칸트는 예외를 둔다. 존경이라는 유일한 선험적 정서가 있다는 것이다.

이것은 커다란 모순인 것처럼 보인다. 윤리 도덕의 세계를 모든 감정의 저편에 설정했으나 그 중심에 다시 감정이 자리하도록 만들었기 때문이다. 모든 감정은 육체를 통해 발생하므로 후험적일 수밖에 없다. 그러나 도덕법칙에 대한 존경만은 선험의 세계, 초월론적인 차원에 성립하는 감정이라는 것이다.

칸트가 이처럼 모순되는 이야기를 할 수밖에 없는 이유는 무엇인가? 그것은 정서적인 것 없이는 도덕적 판단이 실제로 작동할 수 없기 때문이다. 심장이 없으면 피가 순환되지 못하듯이 존경의 감정이 없다면 의지가 행동으로 이어지지 못한다. 존경은 도덕법칙에 따른 실천의 원동력이다.

칸트는 존경에 가까운 정서로 경탄admiration을 지목하기도 한다. 경탄은 데카르트의 『정념론』에서 모든 정념의 뿌리로 간주되는 원초적 정념이다. 그밖에 칸트의 존경은 성리학의 '경敬'과도 비교해볼 수 있다. 퇴계는 『성학십도』에서 성리학 전체를 '경'이라는 한 글자로 압축한다. 칸트 윤리학과 비교해 함께 살펴볼 만한 대목이다.[11]

자율, 적극적 의미의 자유

이제 자유를 의미하는 자율autonomy을 보자. 칸트 철학에서 자율은 의지의 자율을 말한다. 의지의 자율은 '초월론적 자유'와 구별되는 '실천적 자유'를 정의한다. 초월론적 자유가 예지계에서 당위적 인과의 연쇄를 개시하는 능력이라면, 실천적 자유는 현상계에서 자신이 따라야 할 법칙을 스스로 제정하는 능력이다.

칸트에게 실천적 주체는 법 앞의 주체이자 법에 예속된 주체다. 그러나 이 주체는 자신이 스스로 수립한 법칙에 대해서만 복종할 권리가 있다. 자율은 특수한 주관적 행위지침의 조건을 스스로 설정하는 자기입법self-legislation의 능력을 핵심으로 한다. 이 자기입법의 행위 속에서 의지는 단순히 '법 앞에' 구속된 존재자이기를 넘어 '법 저편의' 자유를 실감하기에 이른다.

칸트에게 자유는 기계적 인과성이나 필연성에서 벗어나는 능력, 동물성(경향성)을 극복할 수 있는 능력을 의미할 수 있다. 그러나 그것은 소극적 의미의 자유에 불과하다. 적극적 의미에서의 자유는 의지의 자율성에 있다.

자율성은 본래 루소의 정치철학에서 처음 등장했던 개념인데, 칸트는 이를 윤리학의 중심 개념으로 끌어들인다. 루소의 『에밀』이나 『사회계약론』이 출간될 때 칸트 나이는 30대 후반이었다. 당시 칸트가 루소의 작품에 감동한 나머지 매일 다니던 산책도 그만두고 독서에 빠져 지냈다는 일화가 전해지기도 한다.

그만큼 칸트 윤리 사상의 원천에는 루소가 중요한 자리를 차지하고 있다. 무엇보다 루소가 가르쳐준 자율이라는 새로운 자유 개념은 칸트 윤리학을 끌고 가는 선도적 위치에 있다.

많은 경우 자유는 모든 규칙에서 벗어난 방종의 상태와 혼동된다. 그러나 루소는 자유도 규칙을 전제한다고 가르쳤다. 어떤 규칙인가? 여기에는 두 가지 답변이 따른다. 먼저 책임과 의무를 규정하는 규칙이다. 아무것이나 다 할 수 있는 상태가 자유가 아니라는 것이요, 책임이나 의무와 함께 갈 때만 자유는 비로소 의미 있는 자유가 된다는 것이며, 그런 책임과 의무를 규정하는 것이 규칙이라는 것이다.

다른 한편 책임과 의무를 규정하는 규칙은 외부로부터 강요된 규칙이 아니라 행위자 스스로 제정한 규칙이어야 한다. 그렇게 자율적으로 수립된 규칙의 명령만을 행위자는 책임을 다할 의무로서 받아들여야 한다는 것이다. 근대 민주주의는 바로 이런 자유 개념에 기초한다.

그러나 칸트는 그런 규칙이 도덕법칙이 되기 위해서는 한 가지 조건을 더 요구한다고 본다. 어떤 조건인가? 그 규칙이 특수한 내용이 없는, 다만 보편적인 형식을 지시하는 규칙이어야 한다는 것이다. 바로 이 점을 설명하는 것이 칸트의 정언명법 이론이다.

정언명법, 보편적 입법의 형식

칸트는 도덕법칙이 자연법칙과 마찬가지로 언제나 보편성과 필연성을 지녀야 한다고 보았다. 그리고 보편성과 필연성을 띤 도덕법칙을 정언명법이라 불렀다. 정확히 말하자면 정언명법은 법칙은 법칙이되 보편적 입법의 형식적 조건을 가리키는 법칙이다. 이 점을 구체적으로 이해하기 위해서는 정언명법을 두 가지 다른 종류의 규칙과 비교해볼 필요가 있다. 정언명법은 한편으로는 준칙maxim과, 다른 한편으로는 가언명법과 대조를 이룬다.

먼저 준칙을 보자. 준칙은 개인이나 특정 부류의 사람들이 취하는 주관적 행위 원칙이다. 규칙은 규칙이되 언제 어디서나 모든 사람에게 통하는 규칙은 아니기 때문에 법칙과 구별하여 준칙 혹은 격률이라 한다. 기업 CEO들은 저마다 다른 경영 방침을 내세운다. 가령 누군가는 인화人和를, 누군가는 효율성을, 누군가는 창의성을 중시한다는 방침 아래 조직을 운영한다.

개인들도 마찬가지다. 인생을 살아가는 데 저마다 서로 다른 행동 방침을 따른다. 가령 누군가는 남에게 빚진 것은 반드시 갚겠다는 원칙을 세운다. 누군가는 돈보다는 우정을, 누군가는 우정보다는 일을 중시하겠다고 결심한다. 개인이나 조직이 처한 특수한 상황을 반영하는 이런 준칙들은 언제 어디서나 모든 이성적 주체에게 일반적으로 채택될 수 있는 성질의 것이 아니다.

정언명법은 이 세상의 모든 이성적 행위자에게 승인될 만큼 보편적인 구속력을 갖는 원칙을 말한다. 그런데 이런 원칙은 준칙처럼 특수한 내용을 가질 수 없다. 어떤 내용을 갖는다면 그 내용에 의해 한정되는 범위에서만 타당성을 획득할 수 있기 때문이다. 그러므로 보편적인 것이 되기 위해서 법칙은 내용은 버리고 형식만을 지녀야 한다.

어떠한 형식이어야 하는가? 그것은 보편적 입법의 형식일 수밖에 없다. 하나의 원칙이 일반적인 타당성을 띨 수 있도록 제정되기 위한 형식적 조건을 가리킬 때 그 법칙은 절대적으로 보편적일 수 있다. 정언명법은 바로 한 개인의 준칙에 대해 그런 형식적 조건을 갖추도록 명령하는 법칙이다. 칸트는 이런 정언명법을 다음과 같은 명제에 담는다.

너의 준칙이 보편적 법칙이 되기를 그 준칙을 통해 동시에 의지할 수 있는, 그런 준칙에 따라서만 행위하라. 마치 너의 행위의 준칙이 너의 의지에 의해 보편적 자연법칙이 되어야 하는 것처럼, 그렇게 행위하라.

－『윤리형이상학 정초』전집 4권 421쪽

개인은 저마다 다른 삶의 준칙이 있다. 학교는 저마다 특정한 교육 방침을, 기업은 저마다 다른 경영 방침을 가진다. 정언명법은 이런 특수한 내용의 방침이 모든 이성적 인간에게 인정될 수 있는 원칙인지 따져보라고 명령한다. 그럴 가능성이 있을 때만 그 준칙을 실천적 법칙으로 채택하라는 것이다.

이것은 하나의 준칙에 대해 보편성 검사를 해보라는 명령과 같다. 자신이 생각하는 행동 원칙이 마치 자연법칙처럼 모든 사람에게 통할 수 있는 것인지 따져보고, 그런 보편성 검사를 통과한 준칙일 때만 그것에 따라 행동하라는 것이다.

가령 상황에 따라서는 거짓말을 해도 된다거나 약속을 어겨도 된다는 방침을 생각해보자. 만일 이런 방침을 모든 사람이 일반적으로 채택하게 된다면 어떻게 될까? 당연히 이 세상에는 약속이나 신용 같은 것은 사라지게 될 것이고,

따라서 그런 방침 자체가 설 자리를 잃어버리게 될 것이다.

모든 사람들에게 일반화했을 때도 이런 식의 자기모순에 빠지지 않는 준칙만을 행동 원칙으로 삼으라는 명령이 정언명법이다. 이런 정언명법에는 상황이나 개인마다 달라질 수 있는 특수한 내용이 없다. 그 내용이 어떠하든 문제의 준칙이 모든 사람에게 적용될 수 있을 만큼 보편적인 법칙이 될 수 있다고 확신할 때만 그것에 따라 실천하라고 명령하기 때문이다.

이 점에서 정언명법은 다시 가언명법과 대조를 이룬다. 가언명법은 어떤 목적이 한정되었을 때, 그 목적을 성취하기 위해 반드시 취해야 할 조치를 지시하는 명법이다. 간략히 공식화하자면 가언명법은 'X를 원한다면 Y를 행하라'는 형식을 취한다. 가령 '네가 부자가 되고 싶다면' 또는 '네가 가정을 지키고자 한다면' 같은 목적 지시 조건문 앞에서 이성적 인간이 필연적으로 취해야 할 행동 원칙을 가리키는 것이 가언명법이다.

이런 가언명법 역시도 그것이 만족시켜야 하는 특정한 조건 때문에 특수한 내용을 가져야 하고, 따라서 상대적인 타당성밖에 지니지 못한다. 반면 정언명법은 무조건적인 명령이다. 목적, 상황, 문맥에 상관없이 언제나 절대적으로 지켜야 할 의무를 명령하는 것이다.

칸트 윤리학의 가장 큰 특징은 도덕법칙에서 내용을 제거했다는 점에 있다. 그 내용과 상관없이 보편타당한 입법의 형식에 준해서 자신의 행동 방침을 세우라는 것이다. 칸트 인식론의 독창성이 시간을 자연의 운동에서 해방시켜 의식 안으로 끌어들였다는 데 있다면, 칸트 윤리학의 독창성은 바로 여기에 있다.

이성적 인간의 의지가 자율적으로 제정하는 법칙은 특정 내용이나 목적에 상대적인 법칙이어서는 안 된다는 것, 다만 보편적인 입법의 형식을 가리키는 법칙이어야 한다는 것을 말한다는 데 그 독창성이 있는 것이다.

마지막으로 주목해야 하는 것은 정언명법의 정식은 한 가지가 아니라는 것이다. 앞에서 언급했던 "너의 준칙이 보편적 법칙이 될 수 있도록 의지하라"는 보편성 정식이라 불린다. 물론 이것이 정언명법을 대표하는 가장 모범적인 정식임에는 틀림없다. 그러나 칸트는 그 외에도 인간의 자기목적성, 의지의 자율성, 목적의 왕국 같은 것을 내용으로 하는 정식도 제시한다.

"다른 사람을 절대 도구로서가 아니라 목적으로 대하라" "모든 의지의 주체를 자율적 입법자로 대하라" "네가 마치 목적의 왕국의 일원인 것처럼 판단하라"가 각각 그것들에 해당한다. 이런 정식들은 보편성 정식과 달리 어떤 내용을 지닌다. 그러나 이런 내용에 따라 의지할 때 우리는 보편성 정식이 요구하는 것을 만족시키게 된다는 것이 칸트의 생각이다.

공자의 "네가 스스로 원하지 않는 것을 남에게 행하지 말라己所不欲 勿施於人"라든가 예수의 "네가 대접받고자 하는 대로 남을 대접하라" 같은 격률도 이런 관점에서 보면 정언명법에 가까운 것으로 받아들일 수 있을 것이다.

의무, 당위, 책임

도덕적 판단의 원리가 정언명법이라면, 그 명법이 요구하는 행위를 일컬어 의무duty라 한다. 의무는 도덕적 판단의 마지막 귀결로서 도덕적 행위를 의미한다. 도덕적 행위는 일차적으로 도덕법칙에 부합해야 한다. 그러나 도덕법칙에 일치한다는 것은 의무의 객관적 조건에 불과하다. 의무는 그런 객관적 조건 이외에도 주관적 조건을 지닌다.

의무의 주관적 조건은 '도덕법칙에 대한 존경'에 있다. 존경이라는 주관적 조건을 결여한 채 도덕법칙과 일치하는 행위가 있을 수 있지만, 그렇게 객관적 조건만 만족시키는 행위는 아직 도덕적 행위가 아니다. 그것은 다만 합법적 행위에 불과하다.

도덕성과 합법성의 구분은 칸트 윤리학의 주요 특징이 드러나는 결정적인 대목이다. 칸트 윤리학이 의무의 윤리학이라 불리는 것도 도덕성과 합법성의 구분을 배경으로 한다. 이 구분은 두 종류의 행위를 마주 세우는 데서 출발한다. 하나는 '도덕법칙과 일치하는 행위'이고, 다른 하나는 '도덕법칙에 따른 행위'다(『실천이성비판』 전집 5권 71쪽).

도덕법칙과 일치하는 행위는 외견상 의무와 구별할 수 없는 행위를 말한다. 이런 유사성은 결과에 있다. 결과에 있어 어떤 행위는 의무와 동일할 수 있으나 아직 도덕적 행위라 불릴 수 없다. 그 동기가 다를 수 있기 때문이다. 가령 어떤 사람이 많은 재산을 기부할 때, 기부의 동기가 더 많은 재산을 얻거나 다른 종류의 이익을 구하는 데 있을 수 있다. 그런 행위는 결과적으로는 의무와 일치하지만 동기적으로 의무와는 다른 행위이므로, 도덕적 행위라 할 수 없다.

반면 도덕법칙에 따른 행위는 그 동기가 도덕법칙에 대한 존경에 있는 행위를 말한다. 칸트는 존경이라는 동기에서 나온 행위만을 도덕적 행위로 인정한다. 결과에서 도덕법칙과 일치하는 행동은 합법적일지는 몰라도 도덕적이지 못할 수 있다는 것이다.

칸트 윤리학에는 의무와 유사한 개념들이 등장하므로 이것들을 혼동하지 말아야 한다. 의무의 유사 개념으로는 당위sollen와 책임obligation이 있다. 당위는 주로 『순수이성비판』에서 사용되는 개념으로, 이 저작이 그리는 이원론적 구도의 한 차원을 가리킨다. 그 이원론적 구도에서는 경험의 세계(현상계), 자연적 인과성의 질서가 존재sein의 차원을 이룬다. 반면 당위의 차원은 이념의 세계(예지계), 자유의 인과성의 질서에 의해 이루어진다.

하지만 당위는 단지 도덕적 차원을 가리키는 것으로 그치지 않는다. 그것은 의무와 마찬가지로 도덕적인 의지사용이나 행위를 가리키기도 한다. 당위란 곧 이념에 따른 의지의 규정이나 자유의 인과성에 따른 자발적 행위다. 이 점에서 그것은 경험적 법칙이나 경향성에 따른 자연적 행위와 구별된다. 『실천이성비판』에서는 도덕적 행위를 합법적 행위와 구별하는 것이 중요하지만, 『순수이성비판』에서는 그 이전 단계의 구별, 다시 말해서 도덕적 행위와 자연적 행위의 구별이 관건이다.

의무와 유사한 또 다른 용어는 책임이다. 책임에 해당하는 서양 말로는 'responsibility'도 있다. 이 경우 책임은 의무에 대한 능동적이고 자발적인 부담을 가리킨다. 반면 'obligation'으로서의 책임은 의무에 대한 수동적이고 강제적인 부담을 의미한다. 이런 의미의 책임은 의무와 유사한 행위라기보다는 의무를 구성하는 하위 요소에 해당한다. 그것은 의무를 통해 나타나는 도덕법칙의 실천적 필연성을 가리키는 용어다.

이 용어의 독일 원어는 'Verbindlichkeit'으로, 어간인 'Binden'은 끈으로 묶는다는 뜻이다. 이 어간이 암시하는 것처럼 책임은 의무가 지닌 절대적 구속력을 의미한다. 의무는 어떤 예외도 인정하지 않는 책임을 요구하고, 이 점에서 당위와 구별된다. 왜냐하면 당위는 경험의 차원에서 실행되어야 하되 실행되지 않을 가능성도 있기 때문이다. 반면 의무는 필연적으로 실행되어야 하는 행위, 무조건적으로 이행해야 할 책임인 것이다.

최고선과 윤리학의 요청

전통 윤리학의 이율배반

칸트의 3대 비판서에는 분석론과 함께 언제나 변증론이 따른다. 분석론은 의식을 해부하여 거기에 내재하는 선험적 원리들을 적극적으로 도출하는 부분이다. 반면 변증론은 과거의 주요 이론들을 체계적으로 무너뜨리는 부분이다. 헤겔의 변증법은 칸트의 변증론(특히 제1비판서의 변증론)에 대한 천착에서 나왔다. 오늘날 해체론이라 하면 흔히 데리다를 떠올리지만, 해체론의 선구적인 형태는 칸트의 변증론에서 찾을 수 있다.

칸트는 『실천이성비판』 마지막 부분에서도 변증론을 전개한다. 여기서 해체의 대상은 아리스토텔레스 이후 서양 윤리학의 양대 산맥을 이루던 에피쿠로스주의와 스토아주의다. 에피쿠로스학파는 아테네 철학자 에피쿠로스가 창시한 학파로 즐거움, 기쁨 등 쾌락을 통한 행복을 추구한다. 반면 스토아학파는 플라톤과 아리스토텔레스의 사상을 이어받아 제논이 창시한 학파로 도덕성의 실현, 이른바 엄격한 규칙 준수와 금욕적인 자기절제를 통해 행복을 추구한다.

칸트는 이 두 학파의 주장을 하나의 이율배반으로 결합한다. 두 학파의 주장에 동등한 타당성을 부여하되 두 주장이 서로 모순을 이루도록 마주 세우는 것이다. 사실 스토아주의가 대변하는 도덕성 추구는 쾌락(행복)에 대한 포기를 의미하는 것처럼 보인다. 거꾸로 에피쿠로스주의가 대변하는 쾌락 추구는 도덕성 추구와 양립 불가능한 것처럼 보인다.

칸트에 따르면 이런 이율배반적인 관계에서 볼 때 두 학파가 추구하는 선(윤리적 가치)은 모두 부분적인 선에 불과하다. 상대의 가치에 의해 제약을 받고 있기 때문이다. 그것들은 최고선(가장 완전하고 이상적인 선)에는 훨씬 못 미친다. 두 학파는 단지 이율배반적인 관계 속에서 최고선이 지닌 두 측면을 각각 표현하고 있을 뿐이다.

이렇게 말할 때 칸트는 에피쿠로스주의와 스토아주의의 이율배반이 최고선의 정의로 나아가는 발판이 될 수 있다고 본다. 그렇다면 최고선은 어디에 있는가? 최고선은 단순히 도덕성을 성취한다거나 오로지 쾌락을 추구하는 데서만 기대할 수 있는 것이 아니다. 그것은 도덕성과 쾌락 혹은 행복을 동시에 성취한다는 조건에서만 기대할 수 있다. 최고선은 도덕성과 행복이 동전의 양면처럼 분리할 수 없는 일체를 이루는 상태를 의미한다.

칸트는 윤리학이 가능하기 위해서는 도덕성이 커질수록 이에 비례해서 기쁨을 누리고, 그래서 행복해질 수 있어야 한다고 보았다. 규칙을 잘 따르고 양심을 지킬수록 행복을 보장받아야 한다는 것이다. 그러나 문제는 경험의 세계에서 도덕성과 행복은 물과 불처럼 상호배타적이라는 데 있다.

예를 들어보자. 이른바 후진국일수록 도덕성과 행복이 반비례하는 것을 어렵지 않게 볼 수 있다. 규칙을 잘 지키는 사람보다는 규칙을 어기는 사람이 권력과 부를 얻고 승자가 되기 쉽다. 퇴행적인 사회일수록 행복과 도덕성, 쾌락과 도덕법칙 사이의 거리는 한없이 멀어진다. 그런데 한 사회의 교양 수준이 높아질수록 반대 현상이 일어나는 것을 볼 수 있다. 규칙을 지키는 사람이 승자가 되고 더 많은 보상을 얻는다. 도덕성에 비례해서 그만큼 더 큰 행복을 향유하는 것이다.

이른바 선진국이란 도덕성의 추구가 행복의 추구로 이어지는 사회라 할 수 있다. 그리고 역사적 진보란 도덕성과 행복의 거리가 점점 더 좁혀지는 과정, 다시 말해서 최고선의 이념으로 가까이 다가가는 과정이라 할 수 있다.

실천 이성의 요청

그런데 칸트의 생각에는 시간이 흘러 역사가 아무리 진보한다 해도 도덕성과 행복 사이의 거리는 완전히 좁혀지지 못한다. 역사의 세계, 다시 말해서 현상계에서는 배타적인 두 가치가 접점을 이룰 수 없는 것이다. 그럼에도 불구하고 '나는 무엇을 희망할 수 있는가?'라는 이성의 향유적 관심이 유지될 수 있기 위해서는 최고선의 가능성에 대한 믿음이 전제되어야 한다.

도덕적인 삶에 비례하여 행복을 구가할 수 있을 뿐만 아

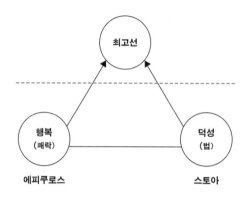

칸트는 예지계에서 행복과 덕성이 이루는 접점을 최고선이라 불렀다.

니라 도덕성과 행복이 완전히 합치하는 최고선의 가능성을 믿을 수 있어야 우리는 끊임없이 도덕적 실천과 자기향상의 길로 나아갈 수 있다. 따라서 칸트는 최고선의 가능성을 현상계 저편에 설정한다. 현상계에서부터 도덕성과 행복의 거리가 부단히 좁혀지다가 저편의 예지계에서는 마침내 그 거리가 해소될 수 있다는 것이다.

도덕성과 행복의 합치를 의미하는 최고선은 우리의 현실적인 삶 속에서는 실현 불가능함에도 윤리학이 건재하기 위해서는 반드시 전제할 수밖에 없다. 그리고 윤리학의 바탕으로 전제되는 최고선이 가능하기 위해서는 이론적 증명을 초과하는 몇 가지 요청을 받아들여야 한다. 이는 모든 기학적 증명이 최후에는 그 자체로 증명 불가능한 공리를 요청하는 것과 같다.

최고선의 이념과 그것이 끌어들이는 요청 이론은 『윤리 형이상학 정초』에서는 보이지 않는다. 다만 『실천이성비판』의 변증론에서 처음 등장할 뿐이다. 이 이론에 따르면 실천 이성은 최고선의 가능성과 그에 대한 믿음을 위해 궁극적으로 세 가지를 요청할 수밖에 없다. 영혼 불멸, 자유, 그리고 신이 그것이다.

영혼 불멸은 도덕성에서 최고선으로 가는 축을 위해 있다. 그것은 최고선의 주관적 조건에 해당하는 것으로 현상계에서뿐만 아니라 예지계에 이르기까지 도덕적 주체가 끊임없이 도덕적 향상을 추구하기 위한 조건이다. 법칙을 잘 지키는 능력, 나아가 보편적인 법칙을 자율적으로 입법하는 능력은 죽음 이후에까지 이어져야 하는 무한한 도야의 과제이기 때문이다.

다른 한편 신은 행복에서 최고선으로 가는 축을 위해 있다. 그것은 최고선의 객관적 조건에 해당하는 것으로 도덕성의 크기에 비례하는 만큼 행복이 허락되기 위한 조건이다. 신은 도덕적 삶의 보상자이자 행복의 분배자로서 요청된다.

그런데 신이나 영혼 불멸 같은 이념은 자유를 통하지 않으면 공허해진다. 단순한 종교적 신앙의 대상에 그치는 것이요, 윤리적 의미를 지니지 못한다. 예지계의 이념들은 오로지 자유의 이념과 관계할 때만 윤리적 타당성을 지닌 어떤 것이 된다.

물론 이때의 자유는 예지계에서 인과적 질서를 수립하는 초월론적 자유다. 그리고 이런 초월론적 자유는 그 자체로는 증명 불가능하고 불가해한 것이기 때문에 결국 요청될 수밖에 없다.

여기서 『순수이성비판』 마지막 부분에 나오는 "순수 이성을 비판하는 목적은 신앙의 자리를 얻기 위해 지식을 폐기하는 데 있다"는 문장으로 돌아가자. 이때 신앙은 종교적 신앙이 아니라 도덕적 신앙을 말한다. 그리고 그 도덕적 신앙은 초월론적 자유의 가능성에 기초한다.

칸트는 『실천이성비판』에서 이 초월론적 자유를 발판으로 의지의 자율이라는 적극적인 자유의 이념에 도달한다. 그리고 예지계의 모든 이념들은 이런 실천적 자유의 이념에 연결될 때만 비로소 객관적 실재성을 얻는다고 본다. 칸트 윤리학에서 실천적 자유를 이성 체계 전체의 마룻돌로 자리매김하는 이유는 여기에 있다. 윤리적 규범의 세계, 당위의 세계 전체에 구체적이고 살아 있는 의미를 부여해주는 것은 결국 자유의 이념이라는 것이다.

별이 빛나는 하늘, 내 안의 도덕법칙
칸트가 1804년 80세의 나이로 인생을 마감했을 때 수천 명의 사람들이 모여 그의 위대한 삶을 기렸다. 그리고 그의 묘비에는 다음과 같은 문장을 새겨 넣었다.

내 위에 별이 빛나는 하늘과 내 안의 도덕법칙
The starry heavens above me and the moral law within me.

칸트의 수많은 저작들 중에서 꼽은 단 하나의 문장인데, 그것은 『실천이성비판』의 결론 첫 부분을 장식하는 대목에서 온다. 다소 길지만 모두 인용해보자.

그것에 대해 자주, 그리고 계속해서 숙고하면 할수록 점점 더 새롭고 점점 더 커다란 경탄과 외경으로 마음을 채우는 두 가지 것이 있다. 그것은 내 위에 별이 빛나는 하늘과 내 안의 도덕법칙이다. (…) 전자[별이 빛나는 하늘]는 내가 외적 감성 세계 안에서 차지하는 자리에서 시작해서 내가 서 있는 그 연결점을 무한 광대하게 세계들 위의 세계로, 천체들 중의 천체들로, 뿐만 아니라 그것들의 주기적인 운동의 한 없는 시간 속에서 그 시작과 지속을 확장한다. 후자[내 안의 도덕법칙]는 나의 볼 수 없는 자아, 나의 인격성에서 시작해서 참된 무한성을 갖는, 그러나 지성에게만 알려지는 세계 속에 나를 표상한다. (…) 무수한 세계 집합의 첫 번째 광경은 동물적 피조물로서의 나의 중요성을 말살해버린다. 동물적 피조물은 질료를 짧은 시간 동안 생명력을 부여받은 후에 다시금 (우주 안의 한낱 점에 불과한) 유성에게 되돌려줄 수밖에 없다. 이에 반해 두 번째 광경은 예지자로서의 나의 가치를 나의 인격성을 통해 한없이 드높인다. 인격성에서 도덕법칙은 동물성으로부터, 나아가 전 감성 세계로부터 독립해 있는 생을 나에게 개시한다.

－『실천이성비판』맺음말 전집 5권 161~162쪽

생각하면 할수록 점점 경탄과 전율에 빠지게 하는 두 가지가 있다. 하나는 저 위의 별이 빛나는 하늘이고 다른 하나는 내 안의 도덕법칙이다. 별이 빛나는 하늘을 바라볼수록 내가 살아가는 이 지구는 먼지보다 작고 가벼워진다. 광대한 우주로 생각이 확장될수록 나의 존재는 한없이 무에 가까워진다. 동물적 피조물로서의 나는 흙이 되고 먼지가 되어 다시 자연으로 돌아갈 수밖에 없다.

그러나 내 안의 도덕법칙은 이성적이고 예지적인 존재자로서의 나를 일깨우며 영원한 세계에 대한 확신을 드높인다. 나는 광대무변한 우주 앞에서는 한없는 유한성을 느낄 수밖에 없지만, 내 안에 있는 도덕법칙을 생각할 때면 허무한 감정에서 벗어나 인류 전체에 부과된 초-감성적 사명의 부름을 듣는다. 저 우주만큼 커다랗고 숭고한 소명의식 속에서 전율하게 되는 것이다.

왜 그런가? 내 안의 도덕법칙은 자유를 개시하기 때문이다. 그리고 이 자유가 나를 자연적 사물과 구별되는 인격으로 만들어주기 때문이다. 나를 정신적으로 품위 있게 해주는 것, 신성불가침의 고귀한 인격으로 만들어주는 것이 자유다. 내 안의 도덕법칙은 내 안의 자유를 웅변적으로 말해주는 증거다.

자유는 나를 한없는 높이의 소명의식으로 고양해 광대 무변한 우주에 맞설 수 있는 용기를, 인류 전체와 함께 이룩할 도덕적 사명에 헌신할 용기를 준다.『실천이성비판』의 결론을 장식하는 이런 문장은『판단력비판』에서, 정확히 말해 숭고의 주제를 논의하는 부분에서 다시 반복된다.

칸트가 3대 비판서를 집필한 이유는 무
엇인가?

칸트가 살던 18세기 후반은 노동 및 사회 분화,
학문 및 가치 분화가 활발히 일어나던 시기였다.
철학도 이 시기에 과학 일반과 분리되어 자신의
고유한 위상을 찾아야만 했다. 칸트는 철학의 근
대적 위상과 정체성을 확립하는 데 가장 커다란
영향을 미친 철학자다.

과학의 본업이 미지의 세계를 향하여 지식을
확장해가는 데 있다면, 철학의 본업은 어디에 있

는가? 칸트에 따르면 그것은 과학과 경쟁하여 미지의 것을 아는 데 있는 것이 아니다. 다만 그것은 우리가 이미 아는 것을 비판하는 데 있다.

이때 비판한다는 것은 근거나 전제를, 다시 말해서 가능 조건을 밝히는 작업에서 시작한다. 비판이란 우리 경험 일반의 가능 조건을 드러내고, 그 조건에 비추어 개별적인 경험의 보편성 주장이 정당한지 판정하는 일이다. 가령 과학자가 부의 확장을 꾀하는 상인에 비유될 수 있다면, 철학자는 상업적 활동의 법률적 조건을 따지는 변호사에 해당한다.

또한 18세기 후반은 이론, 실천, 예술이 각각 서로 다른 가치를 추구하며 독자적인 영역을 구축해가는 시대였다. 이론은 진의 가치를, 실천은 선의 가치를, 예술은 미의 가치를 추구한다. 칸트의 3대 비판서는 각각 이론적 지식, 실천적 행위, 예술적 창조가 어떻게 서로 다른 가능 조건 위에 서 있는지 밝히고, 따라서 각각의 타당성 영역이 어떻게 다른지 입증했다.

가령 우리는 이론적 지식을 추구할 때는 윤리적 규범의 관점을 배제해야 한다. 예술적 아름다움을 판정할 때는 이론적 객관성의 기준에 얽매여서는 안 된다. 윤리적 행동의 가치를 판정할 때는 과학성이나 예술성을 문제 삼을 때와는 다른 원리에 의거해야 한다.

칸트는 3대 비판서를 통해 이론적 지식의 객관성을 따질 때의 기준, 실천적 행동의 도덕성을 문제 삼을 때의 근거, 예술적 창작의 심미적 가치를 판정할 때의 원리를 차례대로 해명하고자 했다. 자연에 대한 과학적 지식은 어떻게 가능한가, 보편적 타당성을 지닌 도덕적 행위는 어떻게 가능한가, 심미적 판단이 과학적 지식만큼 보편성을 띨 수 있는 이유는 어디에 있는가라는 세 가지 물음에 차례로 답하고자 했던 것이다.

칸트는 이런 문제들을 해결할 원리들이 모두 우리 마음에 내재한다고 보았다. 칸트의 비판철학은 결국 마음을 해부하여 이론적, 실천적, 예술적 보편성이 어떻게 서로 다른 조건에 근거하며 따라서 어떻게 서로 다른 타당성 범위를 거느리는지를 보여주는 작업이다.

3부_____

칸트의 미학 혁명 -

근대 예술의 정초

『판단력비판』 전반부

칸트는 『판단력비판』 전반부에서 숭고의 미학을 제시하며 조화의 논리에 갇혀 있던 과거의 예술철학을 비로소 전복한다. 칸트는 근대 미학의 문을 열었을 뿐만 아니라 동시에 탈근대 미학의 초석을 마련한다.

근대 미학의 출발점

세 번째 코페르니쿠스적 전회

칸트는 근대 미학의 출발점으로 간주된다. 심미적 체험의 독특한 특성을 포착하는 것은 물론, 심미적 판단[1]이 지닌 보편적 타당성을 정당화하는 길을 처음 열어놓았기 때문이다. 칸트는 이런 두 가지 과제를 해결하기 위해 '반성적 판단'이라는 개념을 끌어들였는데, 이것은 칸트가 철학사에서 일으킨 또 하나의 코페르니쿠스적 전회라 할 수 있다.

앞에서 언급했듯이 칸트는 대상(물자체) 중심의 인식론을 주체 중심의 인식론으로 바꾸어놓았다. 대상(현상)이 주체 안의 선험적 원리에 의해 발생한다는 관점을 취한 것이다. 또한 칸트는 선 중심의 윤리학을 법 중심의 윤리학으로 바꾸어놓았다. 선을 기준으로 도덕법칙을 끌어내는 것이 아니라 도덕법칙을 기준으로 선을 정의하는 관점을 취한 것이다.

칸트는 이제 보편과 특수의 관계를 문제 삼는다. 이론적 판단과 실천적 판단은 모두 보편자(개념, 법칙)를 중심에 놓고 이를 통해 특수한 대상이나 행위를 규정한다. 그러나 보편자로 환원되기를 완강히 거부하는 것들이 있다. 기존의 설명 모델에 비추어 우연하게 보이는 것, 이질적이거나 무의미하게 보이는 것들 말이다.

그렇다면 이들과 마주칠 때는 어떻게 해야 할 것인가? 당연히 그것에 부합하는 새로운 보편자나 모델을 찾아야 할 것이다. 칸트는 이렇게 우연한 사실로부터 새로운 보편자로 나아가는 판단을 '반성적 판단reflexive judgement'이라 명명한다. 그리고 이것을 보편적 개념에서 출발하여 특수한 사실로 나아가는 '규정적 판단determining judgement'과 구별한다.

반성적 판단에는 심미적 판단 이외에 목적론적 판단도 있다. 칸트는 목적론적 판단을 심미적 판단보다 훨씬 더 일반적인 유형의 반성적 판단으로 간주한다. 이때 목적론적 판단은 우연하게 보이는 자연 현상에 대해 내리는 판단이

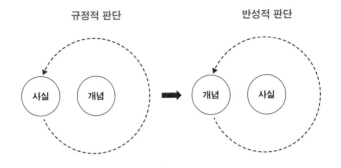

규정적 판단   반성적 판단

사실   개념   ➡   개념   사실

예술철학에서 칸트는 심미적 판단이 지닌 보편적 타당성을 이론적으로 정당화하기 위해 반성적 판단이라는 개념을 처음으로 끌어들여 다시 한 번 코페르니쿠스적 전회를 이룬다.

다. 과학의 일반적인 이론이나 개념에 비추어 정확히 규정하기 어려운 현상들, 가령 생명체처럼 신묘하게 보이는 현상들에 어떤 규정 가능한 형식을 부여하는 것이 목적론적 판단이다.

칸트는 『판단력비판』 전반부에서는 심미적 판단을 다루고, 후반부에서는 목적론적 판단을 다룬다. 심미적 판단과 목적론적 판단의 공통점은 살아 있는 사태와 관계한다는 데 있다. 앞으로 자세히 설명하겠지만 심미적 판단은 (아름다움이나 숭고 체험 속에 유발되는) 살아 있는 마음의 상태에서 출발한다. 반면 목적론적 판단은 살아 있는 유기체에 고유한 논리를 모색한다. 심미적 판단이 주관 내부의 생동감과 관계한다면, 목적론적 판단은 외부 자연의 생명체와 관계하는 것이다.

판단력이란 무엇인가

그렇다면 『판단력비판』 책 제목에 있는 '판단력'이란 무엇인가? 판단력은 일단 보편과 특수를 연결하는 능력으로, 지성과 이성의 중간에 위치한다고 정의된다. 이 점을 잘 이해하기 위해서 앞에서 『순수이성비판』을 다루던 부분에서 설명했던 칸트의 인식능력 이론으로 돌아가 보자.

칸트는 우리 마음에 세 가지 상위의 능력이 있다고 본다. 앎의 능력, 욕망의 능력, 감정(쾌-불쾌)의 능력이 그것이다. 이 능력들은 각각 이성의 세 가지 관심을 대변한다. 앎의 능력은 사변적 관심(나는 무엇을 알 수 있는가?)에, 욕망의 능력은 실천적 관심(나는 무엇을 해야 하는가?)에, 감정의 능력은 향유적 관심(나는 무엇을 희망할 수 있는가?)에 대응한다.

다시 환기하자면 사변적 관심을 추구하는 앎의 능력에 대해서는 지성이 주도적인 입법자다. 실천적 관심을 추구하는 욕망의 능력에 대해서는 이성이 입법자로서 주인공 역할을 한다. 그렇다면 향유적 관심을 쫓아가는 쾌-불쾌의 능력에 대해서는 어떤 것이 입법적인 역할을 떠맡게 되는가?

바로 판단력이다. 그런데 판단력이 규칙을 제공하는 감정의 영역은 한편으로는 앎과 연결되는가 하면, 다른 한편으로는 욕망과 이어진다. 감정은 앎과 욕망의 중간지대라 할 수 있다. 따라서 그곳의 주인공인 판단력은 (사변적 관심의 해결사인) 지성과 (실천적 관심의 해결사인) 이성의 중간에 위치한다고 해야 한다. 왜냐하면 앎의 영역에서는 지성이, 욕망의 영역에서는 이성이 각각 입법자이기 때문이다.

이미 살펴본 것처럼 지성은 범주를 동원하여 현상계에 법칙을 수립한다. 이성은 이념에 의존하여 예지계에 질서를 구축한다. 그렇다면 판단력은 어떤 원리로 쾌-불쾌의 영역에 규칙을 수립하는가? 반성적 판단력일 때 그것은 '합목적성'의 원리다. 합목적성의 원리에 의존하여 판단력은 무엇이라 이해하기 어려운 사태, 심지어는 아무런 규정성이 없어 보이는 사태를 규정 가능한 것으로 끌어올린다.

가령 심미적 판단은 개념적 규정을 초과하는 듯한 심미

적 쾌감(아름다움이 유발하는 생동감)에 주관적 합목적성을, 목적론적 판단은 개념적 규정을 벗어나는 듯한 생명 현상에 객관적 합목적성을 부여하여 그것들을 규정 가능한 것으로 전도시킨다. 여기서 다시 한번 기억해야 할 점은 판단력에는 규정적인 것과 반성적인 것이 있다는 것이다.

판단을 직업으로 하는 사람 중에 판사가 있다. 판사가 법정에서 판단을 내리기 위해서는 먼저 법을 잘 알아야 한다. 그리고 자신이 아는 법률적 지식(보편적인 기준)을 근거로 소송에 올라온 특수한 사안을 판정한다. 이것이 바로 규정적 판단이다. 이때 규정한다는 것은 분류한다, 설명한다, 해석한다, 평가한다 등 여러 가지로 새길 수 있다.

규정적 판단은 이미 주어져 있는 보편자(개념, 원리, 모델, 표)에 의거하여 사실에 해당하는 특수자, 개체를 판정한다. 판사가 내리는 판결은 대부분 이런 규정적 판단이다. 규정적 판단의 주체는 시행착오를 거치며 오랫동안 경험을 쌓을수록 본인만의 노하우나 경험적인 직관의 능력이 생겨 판단의 속도가 빨라진다. 판단력이 커지는 것이다.

그러나 때로 판사는 기존의 법률적 상식으로는 판정하기 어려운 사건에 부딪칠 수도 있다. 기존의 법률에 의해 규정되기는커녕 그 법률의 전제부터 다시 돌아보게 하는 미묘한 사안에 발목이 잡힐 수도 있다. 이런 경우 판사는 섣부른 판정을 자제하고 도대체 법이라는 것이 무엇인지, 누구를 위해 있는 것인지, 정의란 무엇인지를 심각하게 물어야 한다.

이런 반성은 그 독특한 사태에 부합하는 새로운 법률적 이념을 모색하는 데까지 나아갈 수 있다. 기존의 상식을 깨뜨리는 예외적이고 독특한 사태 앞에서 새로운 입법의 필요성을 느끼게 되는 것이다. 반성적 판단은 기존의 원리에 완강히 저항하는 개별자의 주위를 맴돌면서 그에 상응하는 새로운 보편자를 모색하기에 이른다.

『순수이성비판』이 다루는 이론적 판단이나 『실천이성비판』이 다루는 도덕적 판단은 모두 규정적 판단이다. 규정적 판단은 이미 주어져 있는 규칙을 특수한 사실에 그대로 적용하는 하향적 판단 혹은 규칙 수행적 판단이다. 반면 『판단력비판』이 다루는 반성적 판단은 특이한 사실에 부합하는 새로운 규칙을 모색한다는 점에서 상향적 판단 혹은 규칙 창조적 판단이라 할 수 있다.

규정적 판단력 (개념 → 사실)	– 먼저 주어져 있는 보편자(개념, 원리, 모델, 표)를 통해 특수 자(사실, 개체)를 규정 – 규정은 분류, 설명, 해석, 환원, 평가 등을 의미 – 하향적 판단, 규칙 수행적 판단

반성적 판단력 (사실 → 개념)	– 기존의 보편자로 규정되지 않는 사실에 마주쳐 그것에 부합 하는 새로운 원리를 모색 – 반성은 기존 원리 비판, 새로운 상위 원리 추측, 방향 전환 과 구도 설정 등을 의미 – 상향적 판단, 규칙 창조적 판단

칸트는 규정적 판단과 구별되는 반성적 판단을 제시함으로써, 보편과 특수의 관계에 새로운 패러다임을 제시한다.

판단의 즐거움

반성적 판단의 일종인 심미적 판단은 규칙 창조적이라는 점 이외에도 쾌-불쾌의 감정이 수반된다는 특징을 지닌다. 물론 반성적 판단이든 규정적 판단이든 판단력이 활발

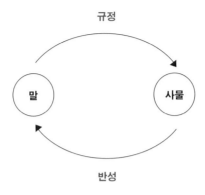

규정

말 사물

반성

말을 배우는 과정은 두 방향에서 일어난다. 이것은 우리가 언어를 습득하고 사용하는 두 가지 방향이자 사고의 두 방향이기도 하다.

하게 작동할 때는 언제나 쾌감을 동반한다. 새로운 개념을 찾는 데 성공할 때뿐만 아니라 주어진 개념을 정확히 적용할 때도 우리는 즐거움을 맛볼 수 있다.

이 점을 좀 더 논의해보기 위해 '규정'과 '반성'을 말과 사물 사이의 관계를 중심으로 새롭게 정의해보자. 즉 규정이란 말에서 사물로 가는 판단이고, 반성이란 사물에서 말로 가는 판단이다. 아이가 말을 배우는 과정을 생각해보면 규정적 판단과 반성적 판단이 무엇인지 좀 더 쉽게 파악할 수 있다.

푸코는『말과 사물』(1966)이라는 저서를 통해 15~20세기에 이르는 인간과학의 역사를 말과 사물의 관계를 중심으로 설명했다. 푸코에 따르면 가령 17~18세기 고전주의 시대의 인간과학은 말과 사물이 서로 분리된 평면에 존립했다.

그러나 그 이전의 르네상스 시대에는 말과 사물이 동일한 평면에 공존했다. 말 사이에 사물이, 사물 사이에 말이 있었다. 그러다가 17세대 이후에는 말이 사물을 재현하기 위해 별도의 공간으로 이동했고, 그러다가 19세기 이후에는 재현의 관계가 붕괴되어 말과 사물의 관계가 불투명해졌다.

푸코의 이런 관점은 사르트르의『말』(1964)에서 상당한 영감을 받은 듯하다. 자서전인 이 책의 첫 부분에서 사르트르는 자신의 어린 시절을 회상한다. 해군 장교였던 아버지가 1차 세계대전 중 전사하여 어머니와 함께 외갓집에서 성장한 사르트르에게는 외할아버지의 서재가 놀이터였다.

또래 친구들이 개울에 뛰어들어 물고기를 잡고 나무에 올라 새집을 뒤질 때, 사르트르는 책 속에서 먼저 물고기를 만나고 새알을 처음 발견했다. 당연히 또래 친구들은 자연에서 사물을 먼저 만난 후 교실에서 그 이름을 알게 되었다. 하지만 사르트르는 반대였다. 사르트르는 서재에서 이름을 먼저 알고 난 후 그것에 해당하는 사물을 자연에서 만났다.

요즘 어린아이들은 그림책에 둘러싸여 있어서 한 번도 본 적이 없는 식물이나 동물의 이름을 줄줄이 외운다. 그러다 책에서 본 것을 실제로 마주하게 되면 흥분을 금하지 못하며 그 이름을 외친다. "아빠, 저기 나비!" "아빠, 저거 좀 봐. 코끼리야!" 이처럼 우리는 어떤 사물을 자신이 아는 말로 규정할 수 있을 때 기쁨을 느낀다. 이는 마치 손에 들었던 돌을 던져 겨냥했던 목표물을 맞추었을 때의 쾌감과 같다. 자신이 익혀 배운 개념을 미지의 대상에 적용하여 이렇게 혹은 저렇게 분석할 수 있을 때도 우리는 유사한 즐거움을 맛본다.

가령 보통 사람들은 잘 이해하지 못하는 예술작품을 자신만이 알고 있는 해박한 지식을 동원해 자유롭게 해부하고 아울러 엄중한 평가까지 내릴 때는 커다란 쾌감이 끓어오른다. 학문의 즐거움이란 바로 이런 데 있다. 어떤 개념이나 이론을 많이 알고 있으면 다른 사람이 보지 못하는 것을 보게 되고 다른 사람이 들을 수 없는 것을 듣게 된다.

실제로 칸트의 저작을 열심히 읽고 나면 세상이 왠지 일목요연하게 보이기 시작한다는 말을 종종 듣는다. 학문의 즐거움은 개념을 던져 대상에 적중할 때, 그리고 적중된 대상이 자신의 비밀을 털어놓기 시작할 때 만끽할 수 있는 그 무엇이다.

그러나 이보다 더 큰 즐거움은 새로운 개념을 발견하는 데 있다. 우리는 기존의 모든 상식을 무력하게 만드는 사건에 부딪쳐 대답을 갈망하는 물음에 휩싸이는 경우가 있다. 이런 경우 사물은 우리가 알고 있던 설명 방식에 저항하면서 전혀 새로운 개념을 요구한다.

그런데 그런 요구에 부딪쳐 지난한 고민에 빠져 있다가 해결의 실마리가 섬광처럼 지나갈 때는 어떻게 되는가? 우리는 무릎을 치게 된다. "그래, 바로 이거야!" 하면서 환호성을 지르는 것이다. 이것이 바로 사물에서 말로 가는 즐거움, 즉 반성의 즐거움이다. 이는 학문의 즐거움 이상의 즐거움이다. 사색의 즐거움, 철학의 즐거움은 바로 여기에 있다.

그렇다면 그 즐거움이 분비되는 계기는 판단의 절차 중 정확히 어디에 있는가? 그것은 규정되지 않던 것이 '규정 가능한 것'으로 전도되는 순간에 있다. 먼저 규정적 판단에 속하는 이론적 판단과 실천적 판단을 통해 이 점을 확인해 보자.

이론적 판단은 지성이 선험적 개념을 통해 감성적 직관의 내용을 규정한다. 그런데 그런 규정이 일어나기 위해서는 내용이 먼저 규정 가능한 대상으로 나타나야 하고, 그렇게 나타나기 위해서는 상상력이 '도식'을 산출하여 개념과 직관을 매개해야 한다.

실천적 판단은 이성이 의지를 규정하여 행위의 준칙이 보편타당한 구속력을 지니게 만든다. 이때 준칙에 대한 보편성 검사는 지성이 제공하는 자연법칙을 '전형type'으로 한다. 그 전형에 비추어 의지의 준칙이 보편적인 도덕법칙으로 규정될 수 있는지, 그것이 진정한 '양심의 목소리'인지 판정할 수 있도록 만들어주는 것이다.

그것이 이론적인 것이든 실천적인 것이든 규정적 판단은 이렇게 무규정의 상태에 있던 대상이 규정 가능한 어떤 것으로 전환되는 계기를 통과한다. 도식이나 전형이 만들어지는 순간이 그런 계기다. 규정적 판단은 바로 이때 쾌감을 분비한다.

그렇다면 반성적 판단은 어떤 지점에서 쾌감을 분비하는가? 바로 합목적성이 밝혀질 때다. 아름다움을 대상으로 하는 (다시 말해서 우리 마음에 생동감을 불러일으키는) 취미 판단의 경우 그것은 '주관적 합목적성'이라 한다. 반면 살아 있는 듯한 자연 현상을 대상으로 하는 목적론적 판단의 경우 그것은 '객관적 합목적성'이라 한다.

이런 합목적성이 밝혀지거나 자각될 때 반성적 판단은 그 대상을 규정 가능한 것으로, 더 정확히 말해서 음미 가능한 것으로 경험하기 시작한다. 그리고 그 순간 즐거움이 분비되고 우리는 그것을 향유한다.

예술가란 누구인가

칸트 미학의 문제들

우리는 이제부터 주관적 목적성이 '인식능력들 사이의 자유로운 일치임'을, 그리고 객관적 목적성이 유기체를 생산하는 '목적인의 이념'임을 알게 될 것이다. 그러나 이 점을 자세히 들여다보기 전에 먼저 『판단력비판』의 전반부에서 개진되는 칸트 미학의 주제들을 개관해보도록 하자.

칸트 이후의 예술철학에는 세 가지 중심 문제가 있다. 이는 예술의 세계를 구조화하는 세 가지 구심점과 같다. 예술의 세계에는 먼저 '예술가'가 있고, 예술가가 생산하는 '작품'이 있으며, 마지막으로 작품을 수용하는 '감상자'가 있다.

이런 세 가지 구심점은 경우에 따라 우선순위가 달라진다. 가령 어떤 이론에 따르면 예술은 작품을 위주로 논해야 한다. 작가가 어떤 삶을 살았는가 하는 것은 그의 예술을 평가할 때 부차적인 문제가 되어야 한다. 가령 시인으로서의 서정주는 그가 남긴「자화상」과 같은 작품에 국한해서만 평가해야 하며, 그가 보여준 정치적 선택 같은 것은 고려할 필요가 없다는 것이다.

반면 예술이란 예술가를 중심에 두고 생각해야 한다는 이론이라면 이야기는 전혀 달라진다. 여기서는 예술가가 예술가로서의 삶, 예술가다운 삶을 살았는지의 여부가 평가의 기준이 되기 때문이다. 가령 동창회 같은 행사가 끝나면 사진을 촬영하거나 기념품들을 나눠 갖는 경우를 종종 볼 수 있는데, 이 이론에 따르면 모임의 진정한 의미는 사진이나 기념품이 아니라 그날 주고받은 우정에 있다.

니체 같은 철학자에게 예술작품은 그런 기념행사의 부산물과 같이 예술적인 삶이 남기는 우연한 결과에 불과하다. 중요한 것은 얼마나 예술가답게 사느냐 하는 데 있다. 이런 관점에서 보면 작품은 예술의 세계에서 있어도 그만, 없어도 그만이다. 많은 예술가들, 가령 플로베르와 같은 작가는 마치 구도자와 같은 자세로 이상적인 작품을 위해 자신의 세속적 삶을 희생했다. 니체는 그런 예술가들을 진정한 예술적 삶의 주인이 되지 못한 인간, 노예적 근성의 인간으로 폄하한다.

그러나 헤겔이나 하이데거와 같은 철학자들은 예술작품을 작품으로 만들어주는 최후의 조건을 묻는다. 예술작품이란 무엇인가? 작품과 물품 혹은 작품과 상품의 차이는 어디에 있는가? 이에 대해 하이데거는 작품이란 그 시대를 대변하는 '존재이해Seinsverständnis'가 깃들어 있어야 한다고 말하고, 헤겔은 작품에 '시대정신'이 깃들어 있어야 한다고 답한다.

사실 심각한 형이상학이나 존재론일수록 작품 위주의 예술론을 개진한다. 그러나 현대에 내려올수록 중요해지는 것은 작품보다는 그것을 수용하는 감상자다. 예술적 사건은 작품 앞에서 일어나는 감상자의 체험 속에서 비로소 완결되기 때문이다.

칸트의 예술철학에는 이상의 세 가지 관점이 모두 공존한다. 예술가, 작품, 감상자의 체험을 모두 다루는 것이다. 칸트는 예술가의 본성에 대해서는 '천재' 개념을 통해 답하

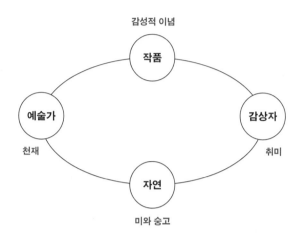

감성적 이념

작품

예술가   감상자

천재   취미

자연

미와 숭고

칸트 이후 근대 예술철학은 예술가, 작품, 자연, 감상자라는 4가지 구심점을 지닌다.

며, 예술작품에 대한 물음 앞에서는 '감성적 이념'[2]을 가리
킨다. 그리고 감상자의 체험에 대해서는 '취미 판단'을 분
석하면서 이를 밝혀낸다.

　『판단력비판』 전반부에서 칸트가 가장 많은 지면을 할
애하는 주제는 취미 판단(심미적 판단)의 메커니즘이다. 무
려 §1에서 §22까지가 미적 체험의 계기들을 분석하는 데
바쳐진다. 앞의 1부『순수이성비판』부분에서 강조한 것처
럼 칸트는 마음의 모델을 혁신하여 철학의 주요 문제들에

새로운 해법을 제시했다. 마음을 더 이상 사물을 재현하는 거울로서가 아니라 표상 자체를 생성하는 정보처리장치로 설정하면서 이론철학뿐만 아니라 실천철학에서도 코페르니쿠스적 전회를 가져왔다.

칸트 예술철학의 근간도 역시 정교한 인식능력 이론에 기초하여 심미적 판단의 작동을 밝히는 데 있다. 하지만 이 문제는 잠시 제쳐두고 칸트가 예술가와 예술작품을 각각 어떻게 정의하는지 알아보도록 하자.

천재로서의 예술가

칸트는 예술가를 천재라 부른다. 물론 칸트 외에도 18세기에 많은 학자들이 천재 개념을 중심으로 예술철학을 펼쳤다. 그러나 칸트는 이런 일반적인 흐름 속에서 천재를 자기식으로 다시 정의한다.

그 정의에 따르면 천재란 자연을 대신하여 예술적 재현의 규칙을 새롭게 제정하는 창조적 인간이다. 그리고 무엇보다 중요한 것은 그 입법적 행위가 무의식적이라는 데 있다. 천재는 자신이 하는 일이 무엇인지 모르면서 새로운 규칙을 창조한다.

이때 '무의식적'이라는 말에는 두 가지 의미가 있다. 먼저 설명을 못 한다는 것이다. 자신의 작품을 스스로 설명할 수 있으면 천재가 아니다. 다른 하나는 전달 불가능하다는 것이다. 천재성은 배우거나 가르칠 수가 없다. 따라서 과학에서는 천재가 있을 수 없다. 과학적 지식은 논리적으로 설명될 수 있을 뿐만 아니라 보편적으로 전달 가능해야 하기 때문이다.

그러므로 칸트는 셰익스피어와 더불어 천재의 사례로 꼽히던 뉴턴을 천재로 인정하지 않았다. 천재의 창조적인 능력은 무의식적 차원에서 다른 천재의 독창을 자극할 뿐이라는 생각 때문이다.

그렇다면 천재가 새롭게 제정하는 규칙이란 도대체 어떤 것인가? 칸트는 그것을 정확히 '감성적 이념'을 현시하는 규칙이라 말한다. 예술가가 천재라면, 예술작품에는 그가 구체적으로 현시한 감성적 이념이 들어 있어야 한다는 것이다. 헤겔에게 작품은 특정한 시대정신을, 하이데거에게는 특정한 존재이해를 담고 있어야 한다.

하지만 칸트에게 작품은 특정한 감성적 이념을 담고 있어야 한다. 위대한 예술작품이라면 반드시 포함하고 있어야 하는 핵심 요소가 감성적 이념이다. 앙꼬 없는 찐빵은 찐빵이 아닌 것처럼, 감성적 이념이 빠진 작품은 작품이 아니다. 그렇다면 감성적 이념이란 무엇인가? 왜냐하면 이념은 본래 예지계에 속하는 것으로 결코 감성적인 것이 될 수 없기 때문이다.

확실히 『실천이성비판』까지만 해도 이념은 오로지 이성의 상관 항으로 그친다. 그러나 『판단력비판』에서 새로운 코페르니쿠스적 전회가 일어남에 따라 사정이 달라진다. 감성은 이성 못지않게, 현상계는 예지계 못지않게 이념을 분만하는 능력을 얻게 된다. 그렇다면 어떤 코페르니쿠스적 전회인가?

그것은 이미 언급했던 것처럼 감성적인 것(특수)이 이념적인 것(보편)의 둘레를 회전하는 일을 멈추고 이념적인 것이 그 둘레를 회전하는 중심으로 진입하는 사건이다. 감성적인 것, 특히 아름답거나 숭고한 현상은 이제 새로운 이념을 모색하도록 요구하는 충격적인 물음의 원천으로 자리한다. 이것이 '규정적 판단에서 반성적 판단으로' 가는 혁명적 전회다. 반성적 판단이란 결국 감성이 제기하는 물음에 답하기 위해 이념을 분만하는 사유를 의미한다.

예술작품의 핵심, 감성적 이념

칸트는 감성적 이념을 일단 '정신의 원리'라 부른다. 이때 '정신'은 프랑스어 '에스프리^{esprit}'에 해당하는 말로 마음의 생기를 가리킨다. 즉 정신의 원리는 마음에 생기를 불어넣어주는 원리, 영감을 불러일으키거나 독창을 자극하는 원리다. 칸트가 직접 드는 사례들로 돌아가 보자.

> 어떤 시는 정말로 산뜻하고 우아할 수 있으나 정신이 결여되어 있을 수 있다. 어떤 이야기는 정확하고 정연하나 정신이 결여되어 있다. 어떤 축하 연설은 철저하고 동시에 엄숙하지만 정신이 결여되어 있다. 회화繪畵도 즐거움은 없지 않지만 정신은 결여되어 있는 게 많다. 심지어 어떤 귀부인에 대해서도 그녀는 예쁘고 사근사근하고 얌전하지만 정신을 결여하고 있다고 말할 수 있다. 그러면 도대체 여기에서 정신이라는 말이 뜻하는 바는 무엇일까? 정신이란 미학적 의미에서는 마음에 생기를 일으키는 원리를 말한다.
> - 『판단력비판』 §49

목소리 높여 정의를 외치지만 공허한 연설이 있다. 기교적으로는 뛰어나지만 감동을 주지 않는 시가 있다. 모든 것을 갖추었지만 여전히 매력을 발산하지 못하는 사람이 있다. 왜 그런지는 꼭 집어 말하기 어렵지만 영감을 불러일으키는 힘이 부족하여 실망을 주는 사례들이다. 웬만한 조건을 모두 만족시켰음에도 뭔가 2퍼센트 빠져있는 것이다.

칸트는 이것을 '정신의 결여'라고 부른다. 이때 정신은 영감의 원리, 즉 감성적 이념을 표현하는 능력이다. 칸트는 천재의 작품에는 감성적 이념이 구체적으로 현시되어 있으며, 그것을 바라보는 감상자는 수많은 생각에 휩싸이는 가운데 먼 곳으로 향한 열림을 경험한다고 말한다.

내가 감성적 이념이라 부르는 것은 상상력의 표상을 의미하는 것으로, 이 표상은 그토록 수많은 것을 사고하도록 유발하지만, 그러나 어떠한 특정한 개념도 이 표상을 감당할 수 없으며, 따라서 어떠한 언어도 이 표상에 온전히 도달하여 설명할 수 없다. (…) 감성적 이념은 마음에 유사한 표상들의 광대한 분야에 대한 전망을 열어줌으로써 마음에 생기를 불어넣는다.

-『판단력비판』§49

우리는 어떤 것을 보다가 갑자기 눈물을 흘리거나 폭소를 터뜨릴 때가 있다. 하지만 때로는 주체할 수 없는 영감에 빠지기도 한다. 어떤 광대한 은유적 연락망 속에서 수많은 생각들이 서로 자극하고 공명하면서 끊임없이 이어지는 상상을 낳는 것이다. 이런 생동하는 관념의 운동은 어떠한 언어로도 도달할 수 없고 어떠한 개념으로도 포착할 수 없다. 그것을 쫓아가려는 지성의 노력을 전적인 수동성에 빠뜨리는 것이다. 칸트가 말하는 감성적 이념은 이런 사태를 유발하는 원인이다.

그렇다면 그것이 이념이라 불리는 이유는 어디에 있는가? 그 이유는 그것이 개념을 초월한다는 점에서, 그러나 무엇보다 어떤 문제를 제기한다는 점에서 찾아야 한다. 개념의 손을 벗어나 모든 분류, 규정, 설명을 거부하되 다시 그런 것을 가능하게 해줄 새로운 개념을 요구하는 문제로서 다가온다는 점에서 그것은 이념이다.

이론 이성이나 실천 이성에게 이념은 현상계 저편의 예지계에, 다시 말해서 초-감성적인 세계에 설정된다. 그러나 이념은 예술작품이나 자연의 아름다움 같은 마술적인 사태 속에서 그 모습을 드러낼 수 있다. 이념은 이제 초-감성적인 것이 아니라 감성적이다.

그런 감성적 이념 앞에서 판단력은 한없는 반성에 빠진다. 이때 반성이란 감성적 이념이 제기하는 물음에 부응하여 어떤 해답을 찾아가는 과정이다. 이념은 감성적이든 초-감성적이든 언제나 새로운 입법을 요구하는 어떤 문제를 제기한다. 그런 문제 앞에서 판단의 주체는 규정하기를 멈추고 반성한다. 인식하기를 멈추고 사유하기 시작한다. 그렇다면 이렇게 시작된 사유는 어디서 멈추는가?

개념적 파악의 한계를 넘어설 만큼 무수한 사유를 유발하는 감성적 이념은 초-감성적 이념들과 유비적인 관계에 놓일 때 비로소 이해 가능하게 된다. 그러므로 그런 감성적 이념을 핵으로 하는 예술작품을 칸트는 (도덕법칙이 개시하는) 자유의 이념에 대한 상징으로 간주한다. 초-감성적 이념, 특히 도덕적 이념의 세계에 구체적인 직관을 부여한다는 점에서 예술작품은 어떤 상징이다.

우리는 앞에서 초-감성적인 것들(개념과 이념)과 감성적인 것을 서로 매개하는 위치에 있는 것들로 도식과 전형을 공부한 바 있다. 도식은 선험적인 개념을 감성적 직관과 연결하는 제3의 항으로 상상력에 의해 생산된다. 전형은 준칙과 도덕법칙 사이에 있는 유비 항으로 이성이 지성에게 빌리는 자연법칙이다. 그리고 이처럼 초-감성적인 것을 규정 가능한 어떤 것으로 만들어주는 제3의 항들을 통과할 때 판단은 쾌감을 향유한다.

이런 것들 외에도 쾌감의 계기로 사례를 꼽을 수 있다. 도덕적 이념에 감성적 직관을 부여하는 것이 상징이라면, 경험적 개념에 감성적 직관을 부여하는 것은 사례다.

- 경험적 개념의 직관을 위한 사례(example)
- 선험적 개념의 직관을 위한 도식(scheme)
- 도덕적 법칙의 유비를 위한 전형(type)
- 도덕적 이념의 직관을 위한 상징(symbol)

추상적인 개념을 초보자에게 가르칠 때는 사례가 필요하다. 대중적인 명성을 얻으려는 강연자일수록 좋은 사례를 중심으로 이야기를 풀어가야 한다. 구체적인 사례에 의지하여 개념의 높이로 도약할 때 학생은 기쁨을 맛본다.

칸트는 사례를 어린아이가 걸음마를 배울 때 타는 습보차^{習步車}에 비유한다. 판단력이 부족한 정신이 개념적 사고의 영역에서 앞으로 나아가기 위해 올라타야 하는 보행기가 사례인 것이다. 사례는 독자적인 사고 능력이 아직 갖추어지지 않은 사람, 추상적인 세계를 홀로 걷지 못하는 사람에게 꼭 필요한 도구다.

반면 지성이 뛰어남에도 이념의 세계로 나아가는 데 불편을 겪는 사람들이 있다. 그런 사람들이 이념의 세계로 향한 반성의 여정에 디딤돌이나 징검다리로 삼을 만한 것이 자연법칙이라는 전형과 예술작품이라는 상징이다.

취미 판단의 주관적 조건과 객관적 조건

이제까지 칸트 미학에서 예술가와 예술작품이 어떻게 설명되고 있는지 살펴보았다. 이제는 감상자의 심미적 체험이 어떻게 분석되고 있는지를 알아보도록 하자. 물론 심미적 체험의 핵심에는 아름다운 것을 아름다운 것으로서 음미하는 취미 판단이 있다.

칸트는 4단계의 리듬을 통해 취미 판단의 특성을 해명해간다. 그러나 이 점을 논의하기 전에 초보적인 사항 하나를 확인하고 넘어가도록 하겠다. 그것은 취미 판단이 성립하기 위해서는 두 가지 조건이 만족되어야 한다는 사실이다. 취미 판단, 아울러 심미적 판단 일반은 객관적인 조건과 주관적인 조건 위에 성립한다.

취미 판단의 객관적 조건은 앞에서 언급한 감성적 이념에 있다. 우리가 아름다운 것을 아름다운 것으로 판정하기 위해서는 우리 바깥에 감성적 이념이 현시되고 있어야 한다. 감성적 이념이 객관적으로 부재한다면 심미적 체험은 일어날 수 없다. 예술미든 자연미든 어떤 것이 아름다운 대상이 될 수 있는 이유는 그것이 감성적 이념을 함유하고 있기 때문이다. 수많은 영감을 유발하면서도 기존의 개념으로 환원되지 않는, 따라서 우리를 끊임없는 상상과 반성 속에 빠트리는 요소가 있어야 하는 것이다.

그렇다면 취미 판단의 주관적 조건은 무엇인가? 이 또한 앞에서 언급했던 마음의 생기에 있다. 감성적 이념 앞에 부딪혔을 때 우리 인식능력들은 평소와 달리 활력을 띠게 된다. 이는 우리가 운동을 하면 신체기관들이 역동적으로 움직여 몸 전체에 생기가 도는 것과 같다.

운동을 하면 땀이 흐른다. 그것은 고통의 땀이 아니고 쾌락의 땀이다. 마찬가지로 아름다운 대상과 마주치면 마음의 인식능력들은 각각 최대치의 역량을 발휘하여 드디

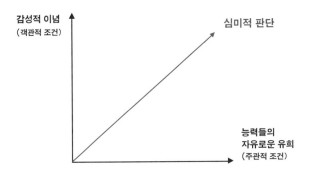

감성적 이념
(객관적 조건)

심미적 판단

능력들의
자유로운 유희
(주관적 조건)

예술작품이 현시하는 감성적 이념은 우리 내부의 인식능력들에 활력적인 움직임을 일으켜 마음에 생기를 가져온다.

어 영혼의 땀이 흐르게 된다. 그것이 심미적 판단에 수반되는 쾌락이다. 심미적 대상은 영혼의 스포츠를 유발하여 우리 마음에 쾌락의 땀이 흐르게 만든다.

쾌락의 땀이 흐르게 될 만큼 활력적인 마음의 생기가 심미적 판단의 주관적 조건이라면, 이보다 더 중요한 사항은 이 생기의 진정한 의미에 있다. 심미적 체험 속에서 생동하는 마음, 생동하는 가운데 기쁨을 향유하는 마음은 정확히 어떠한 상태에 있는가?

칸트에 따르면 그런 마음은 인식능력들이 자유롭게 유

희하는 가운데 상호 일치한다. 각각의 인식능력이 자신의 역량을 마음껏 발휘하면서 다른 능력들과 불화나 갈등에 빠지지 않고 오히려 조화를 이룬다. 이는 인식능력들이 고착된 형식에서 벗어나 유동적이고 자발적인 운동 속에 놓인다는 것과 같다.

이론적 판단이나 실천적 판단을 내릴 때 인식능력들은 엄격한 규칙의 제약을 받는다. 그러나 심미적 체험 속에서는 자유로운 유희 속에서 분리와 결합을 반복하면서 결국 불균형을 이기고 다시 조화로운 일치에 도달한다. 우리는 앞에서 이론적 판단과 실천적 판단이 언제나 일정한 패턴에 따라 일어난다는 것을 보았다. 인식능력이 상호 결합하되 어떤 불변의 방식으로 결합하는 것이다.

그러나 그런 불변의 방식은 강제에 의한 결과가 아니다. 그것은 오히려 심미적 판단에서 여실히 드러나는 인식능력들 각각의 자발적 참여에서 비롯된다. 이론적 판단이나 실천적 판단을 제약하는 듯이 보이는 특수한 상호협동 방식은 인식능력들 각각의 자유로운 유희 능력에서 최초의 가능성을 얻는다. 이는 마치 민주 사회에서 법의 강제력이 구성원의 자발적 동의에 근거하는 것과 같다.

심미적 체험에 동반하는 마음의 생기 또한 인식능력들 간의 자유로운 유희에서 비롯된다. 그런 생기의 상태에 대한 내적 의식에서 즐거운 감정이 분비되는 것이다. 마음의 생기에 대한 논의는 『판단력비판』 전반부의 취미 판단 분석에서 등장했다가 『판단력비판』 후반부의 목적론적 판단 분석에서 자연의 생명 현상에 대한 논의로 이어진다.

취미 판단이 마음을 살아 있게 하는 판단이라면, 목적론적 판단은 살아 있는 유기체에 대한 판단이다. 이처럼 살아 있는 것을 주제로 한다는 점에서 『판단력비판』의 전반부와 후반부는 어느 정도 내용상의 연속성을 이룬다.

반성적 판단에 속하는 취미 판단과 목적론적 판단은 모두 살아 움직이는 것에 관계하며, 합목적성이라는 동일한 원리에 의존한다. 다만 취미 판단은 주관적 합목적성을, 목적론적 판단은 객관적 합목적성을 구할 뿐이다. 이때 주관적 합목적성은 인식능력의 자유로운 일치를, 객관적 합목적성은 부분들의 유기적 통일성을 가리킨다.

취미 판단의 4가지 얼굴

취미 판단의 4가지 특징

그럼 이제부터 칸트가 어떻게 취미 판단의 메커니즘을 해부하는지 차례대로 살펴보자. 앞에서 보았던 것처럼 이론적 판단은 12개의 범주를 동원하여 감성적 직관의 내용을 규정한다. 이 범주들은 질, 양, 관계, 양태라는 상위 범주에 3개씩 각각 배당된다. 지성은 각기 3개의 손가락을 지닌 4개의 팔을 사용한다.

칸트는 심미적 판단력도 동일한 4개의 팔을 움직여 아름다움을 판정한다고 본다. 질, 양, 관계, 양태는 심미적 판단의 4가지 계기, 4가지 측면이라 할 수 있다. 칸트는 질, 양, 관계, 양태의 순서로 분석을 진행하지만, 우리는 유사

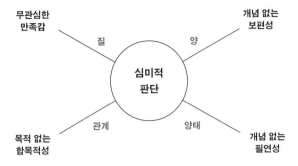

칸트는 심미적 판단의 4가지 계기를 질, 양, 관계, 양태로 구분하고, 그 메커니즘을 각각 분석했다.

한 것끼리 묶어 질과 관계, 양과 양태의 순서로 살펴보고자 한다.

질의 계기 – 무관심한 만족감

취미 판단에는 어떤 '질적인' 특징이 있는데, 이것이 다른 특징들보다 훨씬 중요하므로 가장 먼저 등장한다. 칸트는 취미 판단의 질적인 특징을 '무관심한 만족감disinterested satisfaction'에서 찾는다. 어떤 것을 아름답다고 판단할 때 우리는 만족감을 누리되 그 만족감은 무관심한 만족감이라는 것이다. 이때 만족감이란 쾌감, 기쁨, 즐거움을 말한다.

이미 언급했던 것처럼 상위의 인식능력에서는 지성이, 상위의 욕망능력에서는 이성이 입법을 주도한다. 그리고 판단력이 입법하는 경우가 있는데, 그것은 상위의 감정능력이 문제일 때다. 판단력, 특히 심미적 판단력은 무엇보다 쾌-불쾌의 감정에 규칙을 제공하는 위치에 있다.

그럼 '무관심하다'는 것은 무엇을 말하는가? 우리는 칸트 철학이 세 가지 관심에 의해 주도된다는 것을 보았다. 사변적 관심, 실천적 관심, 향유적 관심이 그것이다. 사변적 관심은 진위의 문제를, 실천적 관심은 선악의 문제를, 향유적 관심은 쾌-불쾌의 문제를 맴돈다. 그밖에 인간은 실용적 이해득실의 문제에도 깊은 관심을 지닌다.

특히 인간은 신체를 지니고 있기 때문에 감성적인 쾌-불쾌에 항상 관심을 지닐 수밖에 없다. 취미 판단은 즐거움을 주되 이 즐거움이 무관심하다는 것은 그것이 이와 같은 모든 관심에 벗어나 있음을 의미한다.

이런 심미적 만족감은 우리가 신체적 존재자로서 누리는 감각적 쾌감이 아니다. 우리가 천사와 같은 순수 영혼으로서 누릴 수 있는 지적 쾌감도 아니다. 그것은 감각적인 것도, 지적인 것도 아닌 제3의 쾌감이다. 이 점을 좀 더 숙고하기 위해 고대 예술철학의 카타르시스katharsis 개념으로 돌아가 보자. 아리스토텔레스의 『시학』6장에는 비극을 정의하는 대목이 나온다. 이 대목에 따르면 비극은 어떤 효과를 낳아야 하는데, 그 효과가 카타르시스라는 것이다. 이후 카타르시스는 예술을 정의하는 핵심 키워드가 되었다. 그런데 칸트의 무관심한 만족감이란 개념에 의해 카타르시스라는 말의 역사는 새로운 전환을 맞이한다.

그렇다면 카타르시스란 무엇인가? 이 말은 원래 배설을 의미하던 말로 히포크라테스의 의학에서는 고통을 유발하는 요소를 해소하여 몸의 치료를 도모한다는 뜻으로 사용되었다.

은유적 친족관계에 있는 카타로스katharos라는 말은 정신의 죄를 씻어 영혼을 다시 태어나게 함을 의미했다. 이후 아리스토텔레스 주석가들 사이에서 카타르시스는 두 가지 방향에서 해석되어 왔다. 한쪽에서는 이를 생리적 치유의 효과로 풀이하는 반면, 다른 한쪽에서는 도덕적 치유의 효과로 받아들인 것이다.

가령 유물론자나 경험주의자들은 심미적 체험은 신체

에 실질적으로 영향을 미쳐 어떤 쾌적한 기분을 불러일으
킨다고 본다. 요즘에는 모차르트 음악이 식물의 성장을 촉
진한다는 보고서가 발표되기도 했는데, 이런 관점에서 보
면 카타르시스를 의학적인 효과로, 다시 말해서 생리적인
해소의 효과로 보는 것도 무리는 아닌 것 같다.

반면 주지주의 전통이나 보수적인 입장일수록 카타르
시스를 도덕적, 정신적인 순화로 해석해왔다. 칸트의 독창
성은 이런 두 가지 입장을 떠나 제3의 심미적 쾌감을 발견
한다는 데 있다. 예술이 주는 쾌감은 오락 영화같이 말초신
경을 자극하는 데서 오는 것도 아니고 정치 선전물처럼 이
념적 교훈을 되새기는 데서 오는 것도 아니라는 것이다.

물론 칸트도 심미적 체험이 도덕적 체험으로 이어질 가
능성을 강조한다. 이것은 칸트가 예술작품을 도덕적 이념
에 대한 상징으로 간주할 때, 그리고 숭고의 체험 이면에서
도덕적 소명의 체험을 찾으려 할 때 잘 드러난다.

그러나 중요한 것은 이런 이행의 가능성은 판단력이 모
든 종류의 관심에서 해방될 때야 성립한다는 것이다. 어떤
전적인 무관심 속에 머물 때야 심미적 체험이 이루어지고,
그런 심미적 체험의 심화 속에서 우리는 비로소 도덕적 이

념의 세계를 예감하게 된다는 것이다. 이것은 예술적 체험이 처음부터 도덕적 관심의 지배 아래 성립한다는 것과는 완전히 다른 이야기다.

이런 점에서 칸트의 무관심한 만족감은 공자의 '사무사思毋邪'와 견주어볼 수 있다. 시심詩心을 일컫는 말인데, 『논어』 위정爲政 편에서 읽을 수 있다.

> 시경 삼백 편을 한마디로 줄여 말하면, 그 핵심은 생각에 사특함이 없다는 데 있다.
>
> 詩三百, 一言而蔽之曰 思無邪

사특함이란 어떤 사적인 관심에 의해 구부러진 마음의 상태를 말한다. '사무사'란 개인적인 욕심에 의해 비뚤어진 데가 없는 곧은 마음, 사특한 의도에서 해방된 순진한 마음을 가리킨다. 그리고 이런 순진한 시심을 바탕으로 할 때야 우리는 비로소 '어진 마을에 거처하기里仁'3를 기대할 수 있다는 것이 공자의 생각이다.

칸트가 말하는 무관심한 만족감도 공자의 '사무사'처럼 사특함이 없는 상태에서 오는 만족감으로 어떤 이상적인 도덕적 질서에 대한 감수성으로 진화한다.

그러나 칸트의 '무관심'은 공자의 '사무사'처럼 사특함이 없다는 소극적인 정의에 그치지 않는다. 그것은 마음이 살아 있는 최고의 상태를 가리킨다는 점에서 적극적인 표현이다.

앞에서 언급했던 것처럼 심미적 판단에 참여하는 인식능력들은 자신의 역량을 최대치로 발휘하는 자유로운 유희 속에 놓인다. 그렇기 때문에 심미적 체험 속에서 마음은 생동하는 활력과 쾌감을 느끼는데, 그 쾌감을 일컬어 칸트는 무관심한 만족감이라 한 것이다.

이런 만족감은 외적인 조건에 의지하지 않는다는 점에서, 그리고 인식능력들 사이의 내적인 자기조율과 일치에서 빚어지는 쾌감이라는 점에서 다시 무관심하다고 할 수 있다. 결국 칸트의 '무관심'은 인식능력들 사이의 그런 '자기자율heautonomy'을 가리키는 적극적인 표현이다.

인식능력들의 자율적인 자기관계 속에서 오는 만족감, 바로 그것이 무관심한 만족감이다. 인식능력들 사이에서 이런 자율적 관계가 이루어지는 방식은 다음의 '관계'의 계기에서 '목적 없는 합목적성'의 개념으로 다시 설명된다.

관계의 계기 – 목적 없는 합목적성

여기서 관계는 일차적으로 부분과 전체의 관계를 말한다. 예술작품이나 자연의 아름다운 대상은 부분과 전체의 관계가 목적 없는 합목적성을 이룬다는 것이 이번 단계의 논지다. 우리는 앞에서 심미적 판단의 주관적 조건(마음의 활력)과 객관적 조건(감성적 이념)을 구분했다.

이 구분으로 돌아가자면 질의 계기는 그 주관적 조건에 부합하는 (인식능력들 간의) 합목적성을, 관계의 계기는 그 객관적 조건에 부합하는 (대상 내의) 합목적성을 설명한다. 그러므로 아름다운 대상의 '목적 없는 합목적성'은 예술작품 속의 '감성적 이념'과 유사하다는 인상을 준다.

가령 여름날 한창 때를 맞은 꽃밭을 생각해보자. 우리는 거기서 개성이 강한 꽃들이 저마다 색과 향기를 다투면서 어떤 활력적인 통일을 이루어내는 자연의 조화를 경험하곤 한다. 그 조화로운 통일을 설명할 구심점이나 의도가 분명히 있는 것 같은데 이상하게 그것을 찾으려 하면 할수록 오히려 신비의 장막 속으로 숨어들어가는 것이다.

음악도 마찬가지다. 오페라에서 소프라노와 테너, 베이스가 저마다 혼신의 힘으로 자기 역량을 뽐내며 노래하는 데 그 가운데 신묘한 화음이 일어나는 것을 듣노라면 형용하기 어려운 아름다움을 느끼게 된다. 재즈 연주자들이 자신의 악기를 극한의 소리에 이르기까지 연주하면서 서로 어우러질 때도 커다란 감동이 몰려온다.

이런 것이 목적 없는 합목적성이다. 조화로운 통일을 이루고 있으나 어디가 중심인지, 의도가 무엇인지 알 수 없는 전체가 있다. 끊임없이 불균형을 넘어서며 새로운 형태로 변모하되 어디가 시작이고 어디가 끝인지 알 수 없는 전체가 있다.

이런 열린 전체에는 시작과 끝 자체를 잊어버리게 하는 중간만이 있을 뿐이다. 목적 없는 합목적성은 이와 같이 부분들이 살아 있는 전체를 이루되 목적, 의도, 중심을 명시할 수 없는 상태를 말한다.

그런데 칸트는 이런 목적 없는 합목적성을 형식적인 관계로 간주한다. 그것은 질료나 내용과는 무관한 관계라는 것이다. 예술에서는 질료보다 형식을 중시하는 입장을 가리켜 형식주의라 한다.

가령 그림에서 중요한 요소는 어디에 있는가? 어떤 이들은 색깔에 있다고 말하지만, 칸트와 같은 형식주의자들은 선묘에 있다고 본다. 이와 같이 목적 없는 합목적성은 부분과 전체 사이에서 성립하는 관계이되, 그 관계는 내용과 상관없는 순수 형식적 관계다.

칸트는 목적 없는 합목적성이라는 오묘한 형식적 조화를 경험할 때 우리의 마음속에서 일어나는 변화에 주목한다. 그 변화는 한마디로 순수한 자기감응의 상태에 빠져든다는 데 있다.

우리는 아름다운 것을 음미하면서 머무른다. 왜냐하면 이 음미는 자기 자신을 강화하고 재생산하기 때문이다.
- 『판단력비판』 §12

여기에 나오는 '음미'는 원어 'contemplation'에 충실하게 옮기자면 '응시'가 된다. 이 문장은 아름다운 대상에 고착된 시선을 묘사한다. 칸트는 아름다운 대상에 '꽂혀서' 정지된 시선, 아름다운 대상에 마음을 '빼앗겨' 움직이지 못하는 시선을 그리고 있다. 그러나 그것은 수동적인 정지가 아니라 능동적인 정지다.

응시가 자기 자신을 자극하여 다시 응시를 낳고, 그렇게 태어난 응시가 다시 다른 응시를 불러들이고 있기 때문이다. 아름다운 대상 앞에서 우리는 자신도 모르게 '그저 바라만 보고 있지~'라고 노래하게 된다. '보고 있어도 보고 싶은~'이라 읊을 만큼 끊임없이 쳐다보게 되는 것이다. 칸트는 이런 응시를 '자기원인적인 것'이라 부른다.

이 쾌감은 자신 안에 원인성을 가지고 있다. 다시 말해서 이 쾌감은 표상 자신의 상태 및 인식력들의 용무를 아무런 의도 없이 보존하려는 원인성을 가지고 있다. 그래서 우리는 아름다운 것을 응시하면서 거기에 머문다. 왜냐하면 이 응시는 자기 자신을 강화하고 재생산하기 때문이다. 이것은 대상을 표상함에 있어 어떤 자극이 거기서 수동적인 마음의 주위를 반복해서 환기시키기 위해 머물러 있는 것과 비록 동일하지는 않지만 유사하다.
-『판단력비판』§12

아름다운 대상을 바라볼 때 시선은 심미적 쾌감의 상태를 동일하게 보존하거나 배가하려고 노력한다. 이런 노력에 의해 응시는 자기를 재생하는 자기원인적인 시선 혹은 자기감응적인 시선이 된다. 그와 더불어 아름다운 대상이 주던 쾌감 자체마저 자기증식적인 속성으로 전환된다. 자율적 진화의 논리를 갖게 되는 것이다.

자기 자신의 함량을 스스로 더해가는 정서, 그것이야말로 살아 있는 정서다. 오직 생명체만이 자신을 재생산할 수 있다. 정서도 생명을 얻어 그렇게 스스로 자기를 재생산할 수 있다. 예술은 이와 같이 살아 있는 정서를 추구한다. 그것은 자기를 계속 배가 및 강화하려는 정서, 자기원인적으로 지속하는 정서, 자기함량 운동 속에 놓인 정서다.

물론 하나의 정서가 그런 자율적인 정서로 진화하기 위한 첫 번째 조건은 무관심이다. 감정은 그런 무관심 속에서만 다른 인식능력들을 자신의 주위로 불러 모을 수 있는 상위의 감정이 될 수 있다.

일체의 대상에 무관심한, 나아가 내적인 자기자율성 속에서 자신의 함량을 더해가는 정서, 그런 감정은 개인에게만 타당한 어떤 우연한 감정으로 그치지 않는다. 그런 감정은 주관적이되 보편적이고 필연적인 전달 가능성을 지닌다. 칸트는 바로 이 점을 취미 판단의 나머지 두 계기, 즉 양의 계기와 양태의 계기를 통해 설명한다.

양의 계기 – 개념 없는 보편성

여기서 취미 판단이 이중의 구조를 이룬다는 점에 대해 다시 생각해보자. 취미 판단은 쾌감에 대한 음미로만 그치지 않는다. 그것은 또한 그렇게 음미된 쾌감의 가치를 판정하는 절차이기도 하다. 칸트는 취미 판단 속에서 일어나는 쾌감의 음미에 대해서는 (우리가 이미 살펴본) 질의 계기와 관계의 계기에서 논의한다.

반면 쾌감의 가치나 타당성 문제에 대해서는 (우리가 앞으로 살펴볼) 양의 계기와 양태의 계기에서 논의한다. 취미 판단은 양의 계기에서 볼 때는 보편성을, 양태의 계기에서 볼 때는 필연성을 지닌다는 것이 칸트의 논지다. 그러나 문제는 어떠한 보편성이요, 어떠한 필연성이냐 하는 물음에 있다. 이론적이거나 도덕적인 것과는 전혀 별개인 순수 심미적 보편성과 필연성은 어떻게 긍정될 수 있는가?

이런 물음을 위해 먼저 심미적 보편성과 관련된 양의 계기를 검토해보도록 하자. 현상학의 창시자 후설은 말년의 대표작 『데카르트적 성찰』(1931)에서 "철학회가 열리면 철학자들이 모인다. 그러나 철학은 모이지 않는다"고 이야기했다.

철학자들은 보편적인 개념을 추구한다. 그러나 철학이 위기에 빠진 상황에서는 철학자들이 아무리 모여보아야 도무지 의견 일치가 이루어지지 않는다. 과학자들 사이에서도 마찬가지다. 학회에 모인 전문가들이 똑같은 사안을 두고 서로 다른 이론을 들이밀며 논쟁하는 모습을 종종 볼 수 있다.

그런데 학회가 끝나고서 이들이 식사하는 자리에서는 분위기가 달라지곤 한다. 함께 나누는 음식의 맛에 대해서, 가령 그것이 맛이 좋은 음식인지에 대해서는 쉽게 합의하는 것이다. 이는 개념의 차원에서 뿐만 아니라 감성의 차원에서도 얼마든지 보편성이 성립할 수 있음을 암시한다.

칸트는 적어도 아름다움의 체험에서는 개념과 무관한 보편성, 다시 말해서 감성적인 보편성이 성립한다는 것을 증명하고자 한다. 그렇다면 아름다움의 체험은 왜 보편적인가? 칸트에 따르면 그것은 그 체험이 '무관심한 만족감'을 주기 때문이다. 보편적인 가치를 지니는 것은 취미 판단에 수반되는 쾌감이되, 이 쾌감이 보편적일 수 있는 이유는 그것이 모든 관심에서 벗어나 있다는 데 있다.

앞에서 언급했던 것처럼 특정한 관심이 만족될 때 오는

쾌감은 결코 보편적일 수 없다. 동일한 관심을 지니지 않는 개인에게는 만족감이 일어날 수 없기 때문이다. 하나의 만족감이 한 개인의 주관적 감정으로 그치는 것이 아니라 모든 사람에게 통하는 감정이 되기 위해서는 특수한 관심의 제약을 벗어나야 한다.

그런데 관심을 벗어난다는 것은 이중의 의미를 지닌다. 그것은 먼저 (실재하는) 대상에 의존하지 않는 것이요, 이는 다시 특정한 개념에 의존하지 않는다는 것과 같다. 사실 관심은 실재하는 대상이 없다면, 그리고 그 대상을 규정하는 개념이 없다면 성립할 수 없다.

특정한 관심에 의해 지배되는 판단은 그것이 의도하는 대상으로 향하고, 그런 한에서 그 대상을 규정하는 특정한 개념적 규정을 따른다. 반대로 대상의 실재 여부에 무관심한 판단, 그런 것에 '관심 없는' 판단은 개념을 배제하는 판단, '개념 없는' 판단이다.

그러나 여기서 개념의 부재는 소극적 사태가 아니다. 그것은 오히려 적극적 사태며, 정확히 말해서 과잉의 사태다. 앞에서 '감성적 이념'이나 '목적 없는 합목적성'에 대해 언급할 때 충분히 설명했던 것처럼 아름다움이란 언어도단의 사태, 개념적 규정을 초과하는 사태, 그런 가운데 끊임없이 사유를 유발하는 사태다.

아름다움, 혹은 어떤 것이 아름답다는 판단은 정확히 그런 개념 초과적인 사태로 향한다는 의미에서 개념 없는 판단이다. 그리고 개념이 없는 판단인 한에서 그것은 관심 없는 판단이 될 수밖에 없다.

즐거움은 보통 어떤 관심이 만족될 때 일어난다. 그러나 취미 판단은 바깥으로 향한 아무런 관심이 없음에도 쾌감을 선물한다. 그 쾌감은 어떤 관심이 만족되어 발생하는 것이 아니라 활력적인 마음의 상태에서 발생한다. 무관심하다는 조건에서만 상상력을 비롯한 마음의 인식능력들은 자유로운 유희 속에 놓이면서 각기 최대치의 역량을 발휘한다.

이에 따라 우리 마음은 내면으로부터 생동감을 느끼게 되고, 그런 생동감은 쾌감으로 이어진다. 취미 판단이 동반하는 쾌감은 인식능력들의 활력적인 운동에서 비롯되는 쾌감이며, 그런 한에서 어떤 외적 대상에 대한 관심의 만족 여부와는 전혀 무관하다.

이런 쾌감은 일단 특정한 관심의 제약에서 벗어나 있다

는 점에서 보편적일 수 있다. 그러나 이것은 심미적 쾌감의 보편성을 설명하는 소극적 이유에 불과하다. 적극적인 이유는 다른 데 있다.

칸트는 그것을 보편적 전달 가능성에서 찾는다. 심미적 쾌감이 특수한 개인을 넘어서서 만인에게 타당한 감정일 수 있는 것은 그것이 보편적으로 전달될 수 있기 때문이라는 것이다. 그렇다면 무관심한 만족감이라는 심미적 쾌감은 왜 보편적으로 전달 가능한가?

칸트는 그 이유를 만인이 동일한 구조의 마음을 공유한다는 점에서 찾는다. 요즘 식으로 말하자면 마음이란 표상을 생성하는 일종의 소프트웨어인데, 모든 인간은 동일한 소프트웨어를 소유하고 있기 때문에 동일한 사태 앞에서 동일한 방식으로 반응할 수밖에 없다는 것이다.

가령 감성적 이념이 현시될 때, 혹은 자연의 아름다운 현상을 마주할 때 만인의 마음속에는 인식능력들의 자유로운 유희가 일어나게 된다. 그리고 그에 따라 누구나 내면으로부터 활력적인 생동감을 맛보게 된다.

이런 이유에서 한 개인이 어떤 것을 아름답다고 판단할 때 그는 다른 모든 사람도 자신과 동일하게 판단하고, 따라서 자신과 동일한 쾌감을 느낀다고 기대할 수 있다. 그는 판단하되 그 자신을 위해서만이 아니라 만인을 대신해서 판단한다고 믿을 수 있는 것이다.

양태의 계기 – 개념 없는 필연성

그러나 문제는 우리의 판단이 언제나 오류에 빠질 수 있다는 데 있다. 심미적 판단도 이론적 판단처럼 실수할 가능성을 배제하지 못한다. 그렇다면 한 개인은 어떤 대상을 두고 아름답다고 판단했을 때 자신의 판단에 아무런 오류가 없음을 어떻게 확신할 수 있는가? 자신의 판단이 실제로 만인의 동의를 얻을 수 있을지 어떻게 증명할 수 있는가? 칸트가 양태의 계기를 통해 대답하는 것이 바로 이 문제다.

'양'의 계기에서 본 취미 판단의 특징이 '개념 없는 보편성'이라면, '양태'의 계기에서 본 취미 판단은 '개념 없는 필연성'을 특징으로 한다. 취미 판단은 규정된 개념을 배제함에도 필연성을 띤다는 것이다. 이때 필연성은 보편적 전달의 필연성을 의미한다. 한 개인이 어떤 대상에 대해 아름답다고 판단한다면, 그 판단은 필연적으로 타인의 동의를 얻게 된다는 것이다.

그러므로 누군가가 어떤 것을 보고 아름답다고 판단할 때, 그 판단에는 다른 사람들이 자신의 견해에 동의해야만 한다는 '당위적' 요구가 수반된다. 그렇다면 취미 판단이 지닌 이런 당위적 필연성은 앞에서 언급된 보편성과 어떻게 구별되는가? '개념 없는 보편성'과 '개념 없는 필연성' 사이에는 어떠한 차이가 있는가?

많은 주석가들은 이 두 가지를 거의 유사한 것으로 받아들였다. 보편적인 것은 당연히 필연적이고 필연적이기 위해서는 먼저 보편적일 수밖에 없다는 것이다. 그러나 자세히 읽어보면 사실은 그렇지 않다.

심미적 판단에 대해 보편성과 필연성은 서로 다른 층위에서 성립하는 가치임을 알 수 있다.[4] 즉 보편성은 초월론적 차원의 가능성(권리상의 가능성)을 가리킨다. 반면 필연성은 경험적 차원의 가능성(사실적 가능성)을 가리킨다.

좀 더 설명해보자. '개념 없는 보편성'은 취미 판단 일반에 대해 증명할 수 있는 선험적 타당성이다. 그리고 그런 타당성을 증명하는 일은 칸트 철학에서 언제나 '연역'이라 불린다. 반면 '개념 없는 필연성'은 하나의 특수한 대상에 대해 실제의 취미 판단이 내려졌을 때, 그 개인적인 판단이

다른 사람들 모두의 판단에 대해 어떤 이상적인 '견본'이 될 때 가지는 사실적 타당성이다.[5]

우리는 앞에서 취미 판단의 보편성이 무관심성에 근거한다는 점을 보았다. 특수한 관심에 상대적인 만족감이 아니라 모든 관심에서 벗어난 만족감을 선물하는 대상, 그런 대상에 대해 아름다움을 긍정할 때 그 판단은 만인에 대한 보편적 타당성을 지닐 수 있다.

그러나 심미적 판단이 필연적이기 위해서는 다른 조건을 만족시켜야 한다. 칸트는 그 조건을 '공통감sensus communis'의 원리라 불렀다. 공통감의 원리에 따를 때만 한 개인은 자신의 취미 판단을 모든 사람들의 판단을 대신하는 모범적인 실례로서 확신할 수 있고, 그런 한에서 필연적인 어떤 것으로 간주할 수 있다는 것이다. 그렇다면 공통감이란 무엇인가?

공통감은 원래 아리스토텔레스의 『영혼론』에서 처음 등장하는 용어인데, 여기서는 서로 다른 감각들을 하나로 합쳐주는 감각을 의미했다. 가령 우리는 음식을 먹으며 대화를 나눌 때 미각, 청각, 시각, 후각 등 다양한 감각을 동원한다. 이때 이런 감각들은 따로따로 노는 것이 아니라 하나의 통일된 지각을 형성한다. 이렇게 이질적인 감각들을 하나로 묶어주는 원리를 아리스토텔레스는 공통감이라 했다. 그런데 칸트는 이 용어를 감각들이 아니라 그 이상의 차원에 적용했다.

칸트에게서 공통감은 먼저 인식능력들 사이의 일치를 가져오는 원리를 가리킨다. 감성, 상상력, 지성, 이성 같은 상이한 인식능력들 사이에서 조화로운 일치를 가져오는 것이 있는데, 그런 '조율'의 능력이 바로 공통감이라는 것이다.[6]

다른 한편 공통감은 인식능력들의 자유로운 유희를 가져오는 능력만이 아니라 그 자유로운 유희의 효과를 가리키기도 한다. 앞에서 언급했던 것처럼 그 유희의 효과는 마음이 느끼는 생동감에 있다. 그리고 내면으로부터 밀려오는 그 생동감에서부터 취미 판단의 주체는 무관심한 만족감을 향유한다.

칸트는 취미 판단의 보편성을 연역할 때 이런 의미의 공통감을 암묵적으로 전제한다. 그러나 취미 판단의 필연성을 설명할 때는 공통감에 새로운 의미를 부여한다.

그것은 주관적 착각에서 벗어나기 위해 우리가 반성적

판단에서 취해야 하는 어떤 지도 이념이다. 그 이념에 따르면 우리는 가급적 '타인의 위치'에 서서 판단해야 하고, 나아가 인류 전체의 공통된 관점에 가까이 가도록 스스로 노력해야 한다.[7]

공통감이란 무엇인가

이런 이념으로서의 공통감은 개인의 판단을 규제하는 이상적인 공동체 정신에 해당한다. 보통 '상식'이란 이런 의미의 공통감이 통속화된 것이다. 상식은 공동체 안에서 이미 공유되어 습관처럼 굳어진 관점을 가리킨다.

그러나 여기서의 공통감은 사실이 아니라 당위에 가깝다. 그것은 하나의 개인적인 관점이 모든 사람들에게 전달 및 인정될 수 있기 위해 언제나 타인의 관점에서 먼저 판단해야 한다는 의무를 가리킨다.

이런 의무로서의 공통감이 전제되고 실행될 때만 취미 판단의 필연적 전달 가능성을 담보할 수 있다. 그렇다면 이런 공통감의 이념에 의해 우리가 반성적 판단에 끌어들여야 하는 타인이란 누구인가? 그것은 존엄한 인격체로서의 타인, 자율적 내면성의 주체로서의 타인이다.

따라서 우리가 공통감의 이념에 따라 판단해야 한다는 요청에는 두 가지 귀결이 따른다. 하나는 우리가 취미 판단의 능력을 끊임없이 향상해가야 한다는 과제다. 우리는 단번에 공통감의 이념이 지시하는 위치에 도달할 수 없다. 다만 심미적 감수성과 교양을 꾸준히 확장해가는 자기형성의 길 위에서 점진적으로 다가갈 수 있을 뿐이다.

그런데 취미의 능력을 향상하는 이런 도야의 길은 판단력 일반을 개선해가는 길이자 동시에 인간성 자체를 함양해가는 길이다. 심미 능력의 세련화는 곧 인간성 심화의 지름길이다.

그렇다면 여기서 인간성은 무엇을 의미하는가? 그것은 여전히 도덕적 인격성을 말한다. 칸트에게 인품은 언제나 도덕적 감수성을 근간으로 한다. (그리고 2부에서 『실천이성비판』을 다루면서 보았던 것처럼 도덕적 감수성의 핵심은 '도덕법칙에 대한 존경'이라는 선험적 정서에 있다.) 심미적 교양 및 자기형성은 궁극적으로 도덕적 관심을 향해 나아가고 있다.

이는 취미 판단이 모든 관심에서 벗어나 있어야 한다는 원칙과 모순을 이루는 것처럼 보인다. 그러나 칸트가 직접 강조하는 것처럼 취미 판단의 조건이 무관심에 있다고 해서 "그것에 어떠한 관심도 결합될 수 없다는 결론이 나오는 것은 아니다(『판단력비판』 §41)." 무관심에서 탄생한 취미 판단의 만족감에는 그것이 심화됨에 따라 특정 관심이 '간접적으로' 결합될 수 있다.

취미 판단에 간접적으로 결합되는 관심은 무엇보다 도덕적 관심이다. 도덕적 관심에서 출발할 때 취미 판단은 성립할 수 없지만, 취미 판단 속에서만 우리는 순수한 도덕적 관심으로 향하는 추동력을 얻을 수 있다. 심미적 판단능력이 향상되는 곳에서 우리는 아름다운 도덕적 공동체의 탄생을 기대할 수 있는 것이다.

사실 칸트는 경험적 차원에서 성립하는 모든 사회성의 원천에는 공통감의 이념이 자리한다는 점을 암시한다(『판단력비판』 §41). 모든 인간관계나 사회적 질서의 뿌리에는 타인의 입장에서 판단하려는 공통감의 이념이 있다는 것이다. 요즘 말로 하면 공통감의 이념은 '상호주관성'[8]의 이념이라 할 수 있다. 칸트는 상호주관성의 이념과 그것에 기초한 공동체 정신을 취미 판단의 분석을 통해 발견했다.

칸트 이후의 독일낭만주의[9]는 이 점을 발전시켜 '미적 국가의 이념'[10]에 도달한다. 반면 독일관념론(특히 피히테와 헤겔)은 공동체 정신의 근간을 예술의 세계에서가 아니라 법률적인 차원에서 모색한다. 상호주관적인 질서가 열리고 역사적인 공동체가 탄생하는 것은 법률적 제도의 형성과 관련해 생각해야 한다는 것이다.

20세기에 이르러 칸트의 공통감 개념으로 돌아가 정치철학의 기초를 다시 놓으려는 시도는 한나 아렌트에게서 볼 수 있다.[11] 이것은 독일낭만주의의 유산인 미적 국가의 이념을 '시적 거주'[12]의 이념으로 계승하려 했던 후기 하이데거의 영향일 것이다.

미와 숭고, 그리고 자유

아름다움과 숭고의 차이

심미적 판단에는 취미 판단 이외에도 숭고 판단이 있다. 사실 현대철학, 특히 현대 프랑스 철학에 결정적인 영감을 준 것은 칸트의 취미 판단 분석이라기보다는 숭고 체험 분석이다. 칸트의 숭고 이론은 아방가르드[13] 예술을 옹호하는 반-재현주의 철학(라캉, 푸코, 데리다, 리오타르, 들뢰즈 등)에 대해 일종의 나침판과 같은 구실을 했다.

그렇다면 숭고란 무엇인가? 우리는 앞에서 취미 판단을 가능하게 하는 두 가지 조건, 다시 말해서 객관적 조건과 주관적 조건에 대해 언급했다. 여기서도 두 가지 조건이 따른다.

숭고 체험은 예술작품보다는 주로 야생의 자연에서 나타나는 극단적인 크기를 대상으로 한다. 숭고 체험의 객관적 조건은 엄청난 스케일, 상상력을 초과하는 압도적인 크기나 힘에 있다. 숭고는 깎아지른 듯한 절벽, 광풍 속에 포효하는 바다, 무한정 펼쳐지는 사막과 같이 인간의 지각 조건으로는 감당하기 어려운 자연의 크기에 의해 유발된다.

그렇다면 숭고 체험의 주관적 조건은 무엇인가? 여기에는 두 가지가 있다. 첫 번째 조건은 판단 주체가 무능력과 상실을 경험해야 한다는 데 있다. 숭고한 대상의 압도적 크기에 부딪칠 때 주체의 상상력은 마비되어 그것을 총괄하는 이미지를 산출하지 못한다. 이미지화가 불가능하다는 것은 표상하거나 파악한다는 것이 불가능하다는 것과 같다.

이런 불가능에 의해 판단 주체는 전적인 무능력을 느끼게 된다. 인식능력들을 조율하는 공통감, 나아가 마음의 표상생성 프로그램 전체가 순간적으로 파열되는 국면을 맞이하기 때문이다. 숭고한 크기 앞에서 코기토는 분열된다. 아름다움은 함량을 더해가는 쾌감을 주지만, 숭고는 반대로 고통과 불쾌의 감정을 준다. 아름다움의 체험과 비교했을 때 숭고 체험은 폭력의 체험이다.

숭고의 감정을 불러일으키는 것은 형식면에서 우리 판단력
에 대해서는 반-목적적이고, 우리의 현시능력에 대해서는
부적합하며, 상상력에 대해서는 폭력적이다.

– 『판단력비판』 §23

숭고 체험의 두 번째 주관적 조건은 추상적 사유, 다시
말해서 '이미지 없는 사유'[14]가 가능해야 한다는 것이다. 이
미지화나 표상이 불가능하다는 것은 인식이 불가능하다는
것과 같다. 그러나 인식이 불가능하다 해서 사유마저 불가
능한 것은 아니다. 사유는 오히려 인식이 끝나는 곳에서 시
작한다. 표상과 이미지가 사라질 때 오히려 사유는 잠에서
깨어난다. 재현적 이미지 저편의 추상적인 세계에 대한 사
유가 가능해지는 것이다.[15]

이미 선행의 공통감이 파괴되었으므로 여기서 시작된
사유는 처음부처 다시 시작해야 한다. 공통감을 새로운 방
식으로 수립해야 하고 방향과 구도를 다시 설정해야 한다.
숭고한 크기에 부딪칠 때 판단의 주체는 사유의 갱신과 확
장을 경험할 수 있다. 왜냐하면 무無로 돌아가서 다시 사유
하게 되기 때문이다. 이런 갱신과 확장을 의식할 때 판단의

주체는 어떤 기쁨을 느끼게 된다. 그러므로 숭고는 판단 주체를 복합적인 감정에 빠뜨린다. 거기에는 무능력이 야기하는 불쾌감과 사유의 갱신이 야기하는 쾌감이 뒤섞인다.

숭고와 공통감의 원초적 발생

여기서 다시 숭고의 폭력성으로 돌아가자. 아름다움은 인식능력들, 특히 상상력과 지성의 자유로운 유희를 유발한다. 이때 자유로운 유희란 인식능력들이 서로 자극하면서 상승을 촉발한다는 것, 그래서 인식능력들 각각이 최대치 역량을 발휘하게 된다는 것을 의미한다.

이런 자유로운 유희를 의식할 때 판단 주체는 내면으로부터 밀려오는 생동감을, 자기한량 운동에 놓인 쾌감을 느낀다. 이 모든 것은 결국 인식능력들 사이에 조화로운 일치를 가져오는 공통감 덕분에 가능하다.

그러나 숭고의 경험에서는 공통감 자체가 작동 불능 상태에 빠질 정도로 인식능력들이 서로 갈등하고 반목한다. 서로 반목하면서 상대로 하여금 자신의 한계를 넘도록 유도한다. 그 결과 인식능력들은 마비 상태 혹은 고장 난 상태에서 작동하게 된다. 그리고 그렇게 작동하면서 전혀 새로운 방식의 일치에 도달한다.

　비유하자면 아름다움이 매끄러운 목소리의 가수라면, 숭고는 거칠고 갈라지는 목소리로 감동을 주는 가수다. 아름다움이 그저 달콤하기만 한 초콜릿이라면, 숭고는 달콤 씁쓸한 초콜릿이다. 아름다움은 인식능력들 사이에 활력적인 조화, 자유로운 일치를 가져오지만 숭고는 인식능력들 사이에 부조화의 조화, 불일치의 일치를 유발한다.

　그러나 정확히 무엇과 무엇이 일치하는가? 아름다움의 체험에서는 상상력과 지성이 자유롭게 일치한다. 하지만 숭고 체험에서는 무기력해진 상상력을 구제하기 위해 지성을 대신해서 이성이 등장한다. 숭고는 상상력과 이성 사이에서 불일치의 일치를 가져온다.

　앞에서 언급했던 것처럼 이성은 인식을 위한 능력이 아니라 사유를 위한 능력이다. 그리고 이성의 사유는 우주, 영혼, 신과 같은 이념을 원리로 한다. 숭고 체험 속에서 우리의 상상력은 이런 이념이 지시하는 무제약자들 앞으로 호출된다. 그러므로 아름다움이 간접적으로 대상에 대한 사랑(관심)을 낳는다고 할 때, 숭고는 이념의 세계에 구체성을 부여하는 자유에 대한 확신을 일깨운다.

이 점을 설명하기 전에 일단 아름다움과 숭고의 차이에 계속 초점을 맞추어보자. 칸트의 인식능력 이론에 착안할 때 취미 판단과 숭고 체험은 어떻게 비교할 수 있는가? 그 두 가지 마음 상태의 결정적 차이는 어디에 있는가? 그것은 공통감을 중심에 놓을 때 가장 멋지게 답할 수 있는 물음이다.

취미 판단에서는 인식능력들의 관계를 조율하는 공통감이 가장 원천적이고 자유로운 상태를 회복한다. 공통감이 자신의 가능성을 발휘하는 가장 탁월한 상태로 돌아가는 것이다. 반면 숭고 체험에서는 공통감이 일단 작동 불능의 상태에 빠졌다가 기괴하되 전혀 새로운 작동 회로를 회복한다. 발생 및 갱생의 절차를 통과하는 것이다.

이것은 인식능력들의 상호관계가 고정된 패턴에서 벗어나 완전히 다른 방식으로 설정됨을 말한다. 우리 마음이 과거의 평균적인 틀에서 풀려 나와 새롭게 틀을 만들어가는 것이다. 숭고는 우리 마음이 다시 태어날 기회를 준다.

합창단이 노래하는 장면을 한번 상상해보자. 합창을 할 때 중요한 것은 각 멤버의 개성이 아니라 노래 전체의 조화다. 전체의 조화를 위해 단원들은 각기 주어진 역할에 충실해야 하고, 이를 위해서는 때로 자신의 개성을 죽여야 할 때가 있다. 이론적 판단이나 실천적 판단이 이와 같은 경우다. 여기서 인식능력들 각각은 보편성이라는 공통의 목표를 위해 어떤 고정된 역할에 묶여 있어야 한다.

그러나 취미 판단에서는 사정이 다르다. 여기서의 보편성은 오히려 인식능력들 각각이 자유롭게 유동하고 자신의 개성을 뽐낼 때야 성취된다. 좋은 합창단이 되려면 그 멤버들이 지시를 잘 따라야 하지만 이것만으로 충분한 것은 아니다. 무엇보다 그들 각각이 뛰어난 자질과 자유로운 연주 능력이 있어야 한다.

마찬가지로 탁월한 판단일수록 인식능력들이 해당 규칙에 충실해야 하지만 이것만으로 충분한 것은 아니다. 각각의 인식능력들이 고정된 틀에서 벗어나 각기 자유롭게 유희할 능력을 지니고 있어야 한다. 이는 민주주의가 법치에 기초하되 그 법이 사회 구성원 각각의 자유를 전제하는 것과 같다. 그러므로 취미 판단은 다른 종류의 모든 판단들이 전제하고 있는 원천적인 사실이 바깥으로 드러나는 계기다. 어떤 사실인가? 바로 인식능력들 각각이 자기 능력의 최대치를 발휘할 수 있는 자유다.

우리의 판단은 그것이 규정적 판단이든 반성적 판단이든 언제나 인식능력들의 자유로운 유희 가능성에 기초한다. 그러므로 그런 유희 가능성이 명시적으로 드러나는 취미 판단에서 우리는 모든 다른 종류의 판단이 뿌리내리는 원초적 조건과 만나는 셈이다.

그러나 숭고 체험은 그보다 더 근본적인 차원, 다시 말해서 우리 마음에 숨어 있는 갱생의 가능성을 드러낸다. 하나의 정치 집단이나 조직의 갱생 능력은 위기 상황에서만 검증된다. 위기에 빠졌을 때 비로소 그 조직의 생명력이 검증되는 것인데, 인식능력(더 정확히는 공통감)들의 발생 및 갱생 역량은 숭고 체험 속에서 비로소 확인되는 것이다.[16]

자연의 숭고에서 우리 안의 숭고로

숭고에는 두 가지가 있다. 하나는 수학적mathematical 숭고이고, 다른 하나는 역학적dynamic 숭고다. 수학적 숭고는 자연의 광대한 전망과 크기에 의해서 유발된다. 역학적 숭고는 가시적이든 비가시적이든 죽음의 공포를 일으키는 가공할 힘에 의해 유발된다.

은하계에 비하면 지구는 먼지보다 작게 보인다. 거대한

피라미드나 끝없이 펼쳐지는 사막 앞에서 인간은 압도된다. 수학적 숭고는 이런 종류의 공간적 스케일에 의해 유발된다. 또한 폭발하는 화산, 분노하는 듯한 바다, 폐허를 남기고 가는 태풍, 힘차게 떨어지는 폭포 앞에서 우리는 역학적 숭고를 체험한다.

수학적 숭고에서 결합되는 것은 상상력과 이론 이성이고, 역학적 숭고에서 결합되는 것은 상상력과 실천 이성이다. 어떤 숭고인지에 따라 상상력과 결합되는 이성의 종류가 달라지는 것이다.

숭고는 아름다움과 함께 고전 미학의 양대 범주를 이룬다. 예술가들은 아름다움만 추구한 것이 아니라 숭고 또한 추구해왔다. 요즘의 예술가들은 예쁘게 조형하는 데는 별로 관심이 없는 것처럼 보인다. 아름다움의 미학을 멀리 하고 오히려 '추醜의 미학'[17]에 가까이 다가서려는 경향을 보여준다. 이런 추의 미학을 뒷받침하는 것이 있다면 그것이 바로 숭고론이다. 그런 의미에서 현대 미학의 중심에는 아름다움이 있다기보다는 숭고가 있다고 할 수 있다.

그런데 숭고를 이야기할 때 칸트는 자연의 숭고가 우리 안의 숭고를 일깨우기 위해 있을 뿐이라고 한다. 자연에서

일어나는 숭고 체험은 도덕법칙이 일으키는 숭고 체험의
서막에 불과하다는 것이다. 다음은 칸트 숭고론의 결론 부
분에 나오는 문장이다.

> 자연이 우리의 심미적 판단에서 숭고하다고 판정되는 것은
> 자연이 두려움을 일으키는 한에서가 아니다. 그것은 오히
> 려 자연이 우리 안에 (자연이 아닌) 우리의 힘을 불러일으키
> 기 때문이다. 이 힘은 우리가 심려하고 있는 것(즉 재산, 건강,
> 생명)을 작은 것으로 간주하는 힘이다. (…) 그러므로 자연이
> 숭고하다고 일컬어지는 것은 순전히, 자연이 상상력을 고양
> 하여 마음이 자기사명의 고유한 숭고성이 자연보다 위에 있
> 음을 스스로 느낄 수 있는 그런 경우들을 현시하도록 만들
> 기 때문이다.
> ─『판단력비판』§28

힘차게 떨어지는 폭포, 모든 것을 삼키는 태풍, 분노하
는 바다 같은 것은 결국 우리 안에 숨어 있는 가공할 만한
힘을 불러일으킨다. 그리고 그런 조건에서만 자연 현상들
은 비로소 숭고한 것으로서 경험된다. 그런 현상들이 우리

안에서 불러일으키는 힘이란 무엇인가? 그것은 세속적인 삶에서 중요하다고 간주되는 물질적인 부와 권력, 심지어 생명까지도 과감하게 포기하거나 무한히 작은 것으로 내려다볼 수 있게 해주는 힘이다.

자연의 숭고는 태풍보다도 무서운 힘, 분노하는 화산보다 더 무서운 힘이 우리에게 있다는 것을 일깨워준다. 자연의 숭고가 주는 전율은 우리가 우리 내면에 숨어 있는 가공할 만한 힘을 체험하는 계기에 불과하다.

그 힘은 도덕법칙에 대한 존경에서 온다. 그리고 그 존경은 우리가 동물이 아닌 인간으로 살아가야 한다는 도덕적 소명의식으로 이어진다. 그 소명의식은 인간의 존엄성이 근거하는 자유의식과 그것에 의해 개시되는 이념들에 대한 자각과 함께 간다.[18] 상상력의 포착을 거부하는 숭고한 크기는 도덕적 이념들의 세계로 가는 징검다리에 불과하다.

자연의 숭고함은 단지 비본래적으로만 그렇게 불리는 것이며, 숭고함은 본래적으로는 한갓 인간의 자연본성에서의 사유방식에만 부여되어야 한다.
– 『판단력비판』§30

자연의 숭고는 비-본래적인 것이다. 본래적인 숭고는 우리 안의 도덕법칙이나 자유에 있다. 진정한 의미의 숭고는 도덕적 소명의식을 핵심으로 하는 인간의 본성에만 부여할 수 있는 명칭이다.

숭고와 최고선

여기서 칸트의 자유론이 진화하는 과정을 잠시 돌아보도록 하자. 칸트는 『순수이성비판』에서 자유의 인과성과 자연의 인과성이 배타적이지 않고 양립 가능하다는 소극적 결론에 만족했다.

『실천이성비판』에서는 이보다 훨씬 더 진전해 자연 질서와 도덕 질서, 자연세계와 자유세계가 하나로 통합될 수 있는 가능성, 다시 말해서 최고선을 희망할 수 있다는 결론에 이르렀다. 그리고 이런 희망을 위해서는 우리가 신의 존재나 영혼 불멸 같은 몇 가지 전제를 받아들여야 한다는 요청 이론을 추가했다.

그런데 『판단력비판』에서 칸트는 한 걸음 더 나아간다. 자연 질서와 도덕 질서의 일치(최고선)를 요청하는 데 그치는 것이 아니라 그것의 증거를 제시한다. 바로 미와 숭고가

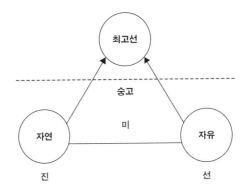

칸트는 미와 숭고를 최고선의 가능성을 입증하는 증거로 보았고 이론 이성과 실천 이성이 숭고 속에서 통합된다고 말한다.

배타적인 것처럼 보이는 자연세계와 자유세계가 하나로 통합될 가능성을 입증하는 증거라는 것이다.

앞에서 보았던 것처럼 칸트 미학에서 예술작품은, 특히 그것이 현시하는 감성적 이념은 도덕적 이념에 직관을 부여하는 상징이다. 취미 판단의 필연적 전달 가능성을 담보하는 공통감의 이념에서도 도덕적 이념과 연결되는 고리들이 숨어 있다. 왜냐하면 공통감의 이념은 인간성의 도야를 요구하고, 인간성의 도야는 도덕적 인격의 완성으로 향한 무한한 자기형성을 암시하기 때문이다.

그러나 숭고론에서는 그 연결 고리가 훨씬 더 명료히 나타난다. 숭고는 도덕법칙에 대한 존경, 자유에 대한 의지를 불러일으키는 한에서만 숭고일 수 있다는 점에서 그렇다.

칸트는 자신의 예술철학을 통해서 상상력의 자유와 의지의 자유가 어떻게 구조적으로 동일한지를 보여주고자 한다. 심미적 판단의 상상력과 실천적 판단의 자유로운 의지의 상호 맞물린 관계를 근거로 미와 숭고의 세계가 최고선의 가능성을 보여주는 실질적인 증거임을 말하고자 하는 것이다.

따라서 어떻게 보면 이론 이성과 실천 이성이 숭고 속에서 통합될 수 있음을 증명하는 것이『판단력비판』전반부의 가장 중요한 의도라 할 수 있다. 그리고 이런 통합 가능성은 후반부의 목적론적 판단에 대한 분석을 통해 재차 증명된다.

칸트 철학은 현대를 살아가는 우리에
게 어떤 의미가 있는가?

다시 강조 하자면 칸트는 철학의 근대적 위상과
정체성을 확립한 철학자다. 오늘날 철학은 어떤
문제와 씨름하고 어떤 방식으로 그 문제에 답하
는가? 이런 물음 앞에서 일차적으로 권할 수밖에
없는 철학자가 칸트다. 칸트는 근대화된 사회에
서 제기되는 철학적 물음들을 정확하게 정식화했
고, 그렇게 정식화된 물음들에 일종의 모범 답안
을 제시했다.

칸트의 모범 답안 가운데 현대의 일상인들에게 호소력이 큰 것은 아마 두 번째 비판서에 담긴 윤리학일 것이다. 현대 과학과 기술은 눈부신 발전과 더불어 허무주의의 그림자를 짙게 드리우고 있다. 인간을 포함한 자연의 모든 사물이 가공할 기술적 조작의 대상으로 전락하는 마당에 이 세상에 존재하는 것은 무의미한 물질과 맹목적인 자연법칙뿐이라는 믿음이 확산될 수밖에 없다.

그러나 칸트는 자연법칙에 따르는 인과성만이 아니라 자유의지에 따르는 인과성의 가능성을 물었다. 그리고 도덕법칙이 개시하는 자유의 왕국을 향하여 인류 전체와 함께 이루어가야 할 소명 앞에서 전율한다.

칸트는 과학적 보편성과 구별되는 도덕적 보편성이 어떻게 가능한지 해명했는데, 이 모든 해명은 우리 마음을 과거와 다르게 정의하는 데에서 출발한다. 칸트 이전까지 마음은 주로 거울 모델에 의존하여 이해되어 왔다. 여기서 마음이 하는 일은 사물을 수동적으로 재현하는 것에 불과하다. 반면 칸트는 마음을 장치 모델에 의존하여 분석한다. 여기서 마음은 기능이 서로 다른 인식능력들의 결합체로 설정된다. 마음은 이제 표상을 생산하는 기계와 같다.

칸트는 오늘날 인공지능 연구가 따를 수밖에 없는 마음의 모델을 처음 제시한 철학자다. 마음을 일종의 정보처리 장치로 접근하는 이런 관점은 이론적 판단의 메커니즘을 분석하는 칸트의 첫 번째 비판서에서 처음 제시되었다가 심미적 판단과 목적론적 판단의 메커니즘을 분석하는 세 번째 비판서에서 더욱 심오한 깊이를 획득하면서 최종적으로 완성된다.

그러나 인공지능 시대에 칸트가 점점 더 커다란 의미를 지니는 이유는 이런 데에만 있는 것이 아니다. 그것은 무엇보다 인공지능 시대에 망각되기 쉬운 도덕적 가치와 심미적 가치에 대한 물음을 과학-기술적 가치에 대한 물음 못지않게 중시했다는 데 있으며, 그런 물음에 접근하는 모범적인 사례를 남겼다는 데 있다.

4부_____

칸트의
생태 혁명 -

기계론에서
유기체론으로

『판단력비판』
　　　　후반부

근대 과학에 의해 실종된 자연의 생태적 의미는 칸트를 통해 『판단력비판』 후반부에서 다시 회복된다. 무의미의 침묵에 빠졌던 자연은 인간과 대화할 수 있는 상대자로, 나아가 인생의 목적을 가르쳐주는 지혜의 원천으로 되살아난다.

자연은 어떻게 인식되어 왔는가

자연을 생명으로 인식한 고대의 자연관

이제까지 우리는 칸트가 이론철학, 실천철학, 예술철학에서 가져온 중요한 변화를 차례대로 하나씩 정리해보았다. 이 변화의 핵심은 진위, 선악, 미추의 판단 기준을 외부 대상에서 찾지 않고 주체 내부에서 찾는다는 데 있다. 가령 아름다움은 대상에 속한 실재적 속성이 아니라 판단 주체가 경험하는 어떤 쾌감(무관심한 만족감)의 상관 항이라는 것이다.

그러나 이것이 전부가 아니다. 칸트는 『판단력비판』 후반부에서 또 하나의 코페르니쿠스적 전회를 가져왔다. 그것은 한마디로 '기계론적 자연관에서 유기체적 자연관으로'라는 말로 정식화할 수 있다.

17세기 이후 근대 과학의 발전과 더불어 모든 자연 현상이 기계적 인과법칙에 따라 설명될 수 있다는 믿음이 확고하게 자리 잡았다. 칸트는 그런 기계론적 자연관에 유기체적 자연관을 마주 세운다. 이때 유기체란 '살아 있는 사물(생명체)'의 다른 말이다.

『판단력비판』전반부가 아름다운 것을 중심 주제로 한다면,『판단력비판』후반부는 살아 있는 것을 중심 주제로 한다. 아름다운 것에 대한 판단이 (공통감의 이념으로 집약되는) 주관적 합목적성을 원리로 한다면, 살아 있는 것에 대한 판단은 ('자연목적체'라는 이념으로 집약되는) 객관적 합목적성을 원리로 한다.

그러나 유기체적 자연관은 칸트에 의해 처음 창시된 것은 아니다. 동서양의 고대인들은 자연을 살아 있는 생명체로 간주했다. 칸트는 이런 고대의 자연관을 당대의 문맥에 맞추어 부활시키고 있을 뿐이다.

고대 그리스에서 자연적인 사물은 인위적인 사물과의 대립관계 안에서 이해되었다. 둘의 차이는 그것들이 각각 보여주는 운동의 성격에 있다. 즉 자연적인 사물은 자발적인 운동의 원리가 있어서 스스로 움직이는 어떤 것이다. 반면 인위적인 사물은 외부의 힘에 의해 강제적으로 움직인다.

가령 식물이나 동물 혹은 하늘의 천체는 스스로의 힘으로 움직이지만 의자나 책상 같은 인공물은 외적으로 힘이 가해지지 않는 한 움직이지 않는다. 이처럼 자발성이 자연물의 기본적 속성이라면 타성inertia이 인공물의 기본적인 속성이다.

고대인들은 자연이 수많은 종種이나 유類들로 이루어져 있다고 보았다. 그리고 이 종과 유들은 상하의 위계질서를 이룬다고 생각했다. 이런 수직적 질서에서는 위에 있는 것일수록 고귀한 신분을, 아래에 있는 것일수록 미천한 신분을 지닌다.

따라서 고대인들은 자연뿐만 아니라 인간 사회에도 그런 수직적 질서가 엄연하게 존재한다고 보았다. 고대인들에게 만인이 평등하다는 것은 절대로 상상할 수 없는 차원의 것이었다.

상하 위계와 차별이 있는 것이 너무 자연스러운 나머지 불평등은 나쁘게만 생각되지 않았다. 개체가 속한 종, 개인이 속한 신분은 오히려 그것들에게 어떤 정체성을 보호해

주는 울타리와 같았다. 그 울타리가 또한 개체에 대해 세상에 존재하는 목적이나 의미를 확신할 수 있는 가장 기본적인 근거였다.

고대 자연관을 이론적으로 대변하는 아리스토텔레스는 자연에서 일어나는 모든 운동을 4가지 원인을 통해 설명했다. 간단한 예를 들어보자. 가령 집을 짓고자 할 때 가장 먼저 있어야 하는 것은 설계도다. 설계도는 집의 개념에 해당하는 것인데, 아리스토텔레스는 이를 '형상인formal cause'이라 부른다.

하지만 아리스토텔레스에게는 형상인보다 더 중요한 원인이 있다. 그것이 '목적인final cause'이다. 집을 설계할 때는 그 집의 용도나 설립 목적을 먼저 알아야 한다. 주거용인지 사무용인지 먼저 알아야 비로소 설계가 시작될 수 있다. 집이 완성되었을 때 그것이 좋은 집인지 아닌지를 평가할 수 있는 기준도 목적인에 있다. 그렇기 때문에 목적design이 형상form보다 더 우월한 것이다.

하지만 목적과 설계도만 갖추어져 있다고 해서 집이 생기는 것이 아니다. 설계도에 따라 집을 짓기 위해서는 흙이나 목재 같은 재료가 있어야 한다. 아울러 그 재료를 가지고 실제로 집을 짓기 위해서는 특정한 노동력이 필요하다. 아리스토텔레스는 이런 것들을 각각 '질료인material cause'과 '작용인efficient cause'이라 부른다.

아리스토텔레스는 하나의 사물을 이론적으로 설명할 때는 이상의 4가지 원인에 따라 고찰해야 한다고 보았다. 이미 충분히 암시한 것처럼 이 4가지 원인들 중에서 가장 중요한 것은 목적인이다.

왜냐하면 하나의 개체에 대하여 그것의 정체성을 보존해주는 것이 종이나 형상이라면, 그 형상이 자연 전체 속에서 존재하는 의미나 변화해갈 방향을 가리키는 것이 바로 목적인이기 때문이다.

자연을 기계로 인식한 근대의 자연관

17세기 과학혁명과 더불어 이런 생물학적이고 목적론적인 자연관은 붕괴된다. 수직적인 구도의 존재이해는 수평적인 구도의 존재이해로 대체된다. 이런 붕괴와 대체의 과정은 서로 맞물린 두 가지 새로운 경향의 귀결이다. 하나의 경향은 기계의 작동을 모델로 자연의 생성을 설명하려는 것이고, 다른 하나의 경향은 수학을 자연의 언어 자체로 간

주하려는 것이다.[1]

갈릴레오, 데카르트, 뉴턴 등의 17세기 과학자들은 피타고라스-플라톤 전통으로 돌아가 자연 언어 대신 수리 언어를 통해 자연의 변화를 해석하자고 제안했다. 이런 제안은 이후 일반적으로 받아들여져 오늘날에는 자연과학뿐만 아니라 사회과학에서도 수학 공식이나 통계법을 사용하게 되었다.

17세기 이전까지만 하더라도 과학 책에 전혀 등장하지 않던 수학 공식은 갈릴레오나 데카르트에게는 자연의 존재론적 문법 자체로 간주되었다. 이런 수학적 존재이해 속에서 다시 태어난 자연은 이제부터는 과거와 전면적으로 달라진다.

고대인에게 자연은 자발적인 운동의 원리를 지니고 있는 것이었다. 봄이 오면 꽃이 그 자체의 생명력에 의해 피어나는 것처럼, 운동은 사물 외부에서 가해지는 것이 아니라 사물 안에서 샘솟는 어떤 것이었다.

그러나 자연을 기하학적인 공간이나 수학적 질서로 번역하자마자 모든 것이 바뀌었다. 이제 운동은 인공적인 물품처럼 오로지 기계적인 인과성에 의해 발생 및 변화하는 것이 된다.

근대 과학자들은 아리스토텔레스가 설정한 4가지 원인 중 작용인을 제외한 3가지 원인을 모두 무의미한 것으로 배제한다. 사물의 운동은 오로지 작용인에 의해서만 일어나는 기계적 인과관계의 결과로 정의된다.

여기서부터 사물과 운동의 관계는 과거와 완전히 달라졌다. 이제 사물이 운동하기 위해서는 외부에서 주어지는 충격과 힘이 있어야 한다. 고대적 의미의 '피지컬physical'은 살아 움직이는 자연을 가리켰다.

그러나 근대적 의미의 '피지컬'은 자연적이라기보다는 물리적인 것이고 물리적인 것은 그 자체로 타성적인 것, 그 안에 어떠한 내면적 깊이도 없는 것을 의미한다. 인간의 눈으로는 미처 침투할 수 없는 내면적 깊이와 자발적인 운동의 원리가 있다고 간주되던 고대인의 자연적 사물과는 정반대인 것이다.

이런 자연 개념의 변화에 따라 기계론적 자연관이 탄생한다. 데카르트에 따르면 광물 같은 무기체뿐만 아니라 유기적 생명체도 기계적 인과성의 산물이다. 늑대 같은 동물도, 인간의 신체도 태엽으로 움직이는 시계와 같이 정교하게 움직이는 자동기계에 지나지 않는다. 이 세상에서 일어나는 모든 자연적 현상은 기계가 작동하는 원리에 따라 움직인다.

가령 양이 늑대를 만나 공포에 질려 괴성을 지르고 도망가는 복잡한 운동마저 심리적인 내면성을 전제할 필요 없이 신경 체계의 교란과 불균형에 따른 물리적 현상으로 간주해야 하고, 따라서 기계적 인과법칙으로 환원하여 설명해야 한다는 것이다.

이런 기계론적 자연관에서는 신의 손으로 만든 자연의 산물과 인간의 손으로 만들어진 인공적 기계는 존재론적으로 동일한 종류의 사물이다. 물론 자연의 산물과 기술적 산물은 정교함이나 복잡성에서는 한없이 다르다. 그러나 그 차이는 정도상의 차이에 불과하며, 근본적인 작동원리는 하등 차이가 없다.

데카르트의 자연학에서는 생명도 모두 물리적인 현상으로 환원된다. 그렇기 때문에 생명에 고유한 특성(생명력) 같은 것은 완전히 사라진다. 생명체와 기계의 차이가 없어지는 것이다.

그렇다면 생명체가 죽는다는 것은 무엇을 의미하는가?

그것은 마치 잘 돌아가던 톱니바퀴 장치의 시계가 어느 한 부분에 고장이 나서 정지하는 것과 같다.

생명 고유의 특성을 인정하지 않는 기계론적 자연관은 요즘 들어 분자생물학에 의해 견지되고 있다. 분자생물학은 생물학적 과정을 모두 물리-화학적인 법칙으로 환원해 설명하려는 기획이다. DNA 조작과 재생도 이런 생각의 연장선상에 있다.

네 번째 코페르니쿠스적 전회

칸트는 17~18세기를 지배하던 기계론적 자연관을 전혀 의심하지 않았다. 지성의 관점, 다시 말해서 이론적 인식의 관점에서는 기계론적 자연관을 받아들일 수밖에 없다고 본 것이다.

그러나 다른 관점, 다시 말해서 이성의 관점에서는 기계론이 불충분하며, 그런 불충분성은 오로지 유기체론에 의해서만 메워질 수 있다고 보았다.

그렇다면 기계론의 불충분성은 어디에 있는가? 그것은 생명 현상을 충분히 설명하지 못한다는 데 있다. 칸트는 이렇게 말한다.

풀잎 하나의 생성조차 인간 이성은 기계적 원인들에 의해 이해하기를 결코 희망할 수 없다.
- 『판단력비판』 §77

기계적 원인들에 의지해서 이해할 수 없는 것, 그것은 생명체가 살아 움직이는 논리이자 그 논리에 의미를 부여하는 목적이다. 자연이 생성 소멸하는 가운데 존재하는 의미나 목적은 지성의 관점(이론적 과학의 관점)에서는 증명 불가능한 어떤 것이다.

그러나 이런 것에 대한 일정한 이해가 없다면 미지의 자연을 향한 과학적 탐구는 방향을 상실하거나 일정한 벽에 부딪쳐 앞으로 나아가지 못할 것이다. 경험적 법칙의 탐구와 과학적 지식의 확장을 위해서라도 유기체적 자연관이 어떤 규제 원리나 발견적 가설로나마 반드시 상정되어야 한다.

칸트는 이런 생각에서 두 가지 방향으로 논지를 펼친다. 한쪽으로는 유기체론이 기계론과 양립할 수 있음을 논증하고, 다른 한쪽으로는 유기체론을 떠받치는 목적론적 판단의 원리들을 규명한다. 이런 칸트의 노력은 독일낭만주의와 독일관념론에 의해 계승되어 유기체 형이상학의 시대가 열리게 된다.

물론 칸트는 생명체를 존재론적으로 절대화하는 데는 손사래를 치며 반대한다. 그럼에도 불구하고 칸트 이후 철학사를 장식하는 다양한 유기체 형이상학은 칸트가 이루어놓은 결정적인 전회가 없었다면 세상에 등장하기 어려웠을 것이다. 독일관념론 이후 20세기에는 베르그손, 화이트헤드, 들뢰즈 같은 철학자들이 생명의 존재론이나 유기체 형이상학을 펼친다.

물론 새로운 과학적 발견의 성과들을 흡수한 이들은 저마다 19세기의 학자들과는 다른 생명 개념을 제시하고자 노력한다. 그러나 이들이 칸트가 『판단력비판』 후반부에서 가져온 전회에 여전히 빚지고 있음을 부인할 수 없다. 우리는 그 전회를 불완전하게나마 코페르니쿠스적 도식에 맞추어 다음과 같이 그려볼 수 있다.

기계론은 서로 다른 부분들이 외부에서 강요된 계획에 따라 결합하여 하나의 전체를 이룬다고 본다. 반면 유기체론은 먼저 전체의 계획이 내적으로 이미 주어져 있고 이것에 의해 부분들이 결합되는 구조를 제시한다. 그러므로 기

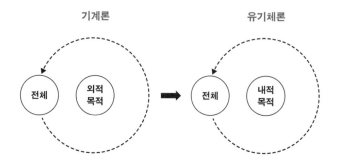

칸트는 과학혁명 이후 대두된 기계론적 자연관을 뒤집어 고대의 자연관이었던 유기체적 자연관을 다시 정당화한다.

계론에서는 외적인 목적이 중심에 있고 그것의 둘레를 전체가 회전한다. 반면 유기체론에서는 내적인 목적이 중심에 놓이면서 그 둘레를 전체가 회전한다.

이 도식이 보다 완전해지기 위해서는 힘과 인과성에 대한 지시가 덧붙여져야 한다. 즉 기계론에서 힘이 외부에서부터 작용하는 운동력일 때, 유기체론에서 힘은 그 자체에 내재하는 조형력이다.

그리고 기계론에서의 인과관계는 일방향적이고 비가역적이지만, 유기체론에서의 인과관계는 양방향적이고 가역

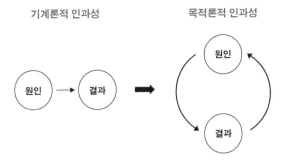

기계론적 인과성   목적론적 인과성

기계론적 인과성은 일방향적이고 비가역적으로 흐르는 반면, 목적록적 인과성은 양 방향적이고 가역적으로 끊임없이 이어진다.

적이다. 따라서 우리는『판단력비판』후반부에서 볼 수 있는 코페르니쿠스적 전회를 위와 같이 간략하게 도식화할 수 있다.

유기체를 둘러싼 논쟁

이상적 생명체의 모델 – 자연목적체

칸트의 유기체론은 어떻게 보면 아리스토텔레스의 그것과
유사하다. 그러나 그것은 기계론의 시대를 통과하면서 훨
씬 더 정교화된 형태로 다시 태어난 유기체론이다. 새롭게
태어난 이 유기체론에서 핵심적인 부분은 생명체를 '자연
목적체'[2]로 정의하는 대목이다(『판단력비판』 §64~65).

그런데 칸트가 말하는 자연목적체는 두 가지 것과 혼동
되지 말아야 한다. 먼저 그것은 있을 수 있는 이런저런 종
류의 목적들 중의 하나가 아니다. 그것은 특정한 종류의 목
적이 아니라 특정한 종류의 목적을 자기 안에 지니는 자연
적인 사물, 즉 생명체를 의미한다. 다른 한편 그것은 생명

체이되 경험의 차원에 있는 개별적인 생명체가 아니다. 다만 그것은 선험적으로 구성된 이상적인 생명체나 그 생명체의 유기적인 구조를 가리킨다.

자연목적체라는 이상적인 생명체는 자기 안에 내재하는 어떤 목적(계획)을 실현한다. 그리고 이 점에서 외부에서 주어진 계획이나 목적에 따라 생산된 인공적 산물과 구별된다.

『판단력비판』 전반부가 우리 마음을 살아 있게 만드는 것(아름다움)을 대상으로 하는 취미 판단의 원리를 규명한다면, 『판단력비판』 후반부는 자연 속에 살아 있는 것을 대상으로 하는 목적론적 판단의 원리를 규명한다.

그리고 취미 판단 분석에서 생동감의 이상적 원리가 공통감에 있다면, 목적론적 판단 분석에서 생명체의 이상적 모델은 자연목적체에 있다. 공통감은 자연목적체의 미학적 유비 항이고, 자연목적체는 공통감의 생물학적 유비 항이라 할 수 있다.

그렇다면 생명체를 정의하는 자연목적체에 대해 더 알아보기 전에 먼저 목적 개념에 대해 칸트가 덧붙이는 지적을 잠깐 돌아보도록 하자. 목적이라는 개념은 어떤 설계 및 설계자를 전제한다. 따라서 설계나 계획이라는 말은 자연의 사물에는 적용할 수 없는, 오로지 인공적인 산물에만 적용할 수 있는 것처럼 보인다.

가령 의자나 책상 같은 제작품을 보자. 이런 물건들은 그 부분들이 아무렇게나 모인 것이 아니라 전체를 장악하는 개념이나 의도에 맞춰 결합되어 있다. 우리는 기술적으로 제작된 이런 물건들에만 일차적으로 목적이라는 말을 쓸 수 있다는 것이 칸트의 생각이다. 그렇다면 자연적인 현상에도 목적 개념을 적용할 수 있는가?

칸트가 이렇게 묻는 것은 목적론적 관점을 자연 현상 일반에 무차별적으로 적용하려는 태도에 반대하기 위해서다. 가령 강이 실어 나르는 퇴적물은 식물이 자라나기 좋은 토양이 된다. 이런 것을 보고 강이 식물의 성장을 목적으로 흐르는 것이라고 추론할 수 있다. 자연에는 경이로울 정도로 하나의 현상(가령 악어새)이 다른 현상(악어)에 이로움을 주는 경우, 그래서 서로 목적론적 관계에 있는 것처럼 보이는 경우가 무수히 많다.

칸트는 자연 현상들 사이에서 상호 이익이나 유용성을 매개로 성립하는 이런 관계를 '외적 합목적성' 혹은 '상대적 합목적성'의 관계라 부른다. 그러나 이런 외적 합목적성의 관계에는 목적 개념을 적용할 근거가 빈약하다고 본다. 왜냐하면 이런 것들은 우연하게 성립하거나 자의적인 관점에서 맺어진 관계들이기 때문이다.

그렇다고 해서 칸트가 자연에 대해 목적 개념을 적용할 가능성을 완전히 부정하는 것은 아니다. 왜냐하면 동물이나 식물같이 물리학적 법칙으로는 온전히 설명할 수 없는 생명체들이 있기 때문이다.

생명체 하나하나는 맹목적인 기계적 인과성의 관점에서는 신비롭게 보일 정도로 정교하고 경제적인 구조를 지니고 있다. 그런 경이로운 구조는 생명체 안에 숨어있는 계획이나 목적에 따라 형성된 것이라고 가정하지 않는다면 이해하기 어려운 현상이다.

살아 있다는 것의 의미

칸트는 자연에서 경험하는 생명체의 구조와 그 특징들을 하나하나 분석하면서 목적 개념의 필요성을 정당화하고, 아울러 이상적인 생명체의 모델(자연목적체)을 구성해간다. 그렇다면 생명체의 구조적인 특징은 어디에 있는가? 칸트가 일차적으로 지적하는 것은 '자기원인성'이다.

생명체는 외부의 원인에 의해 존재하는 것이 아니라 자기 자신에 의해 존재한다. 생명체는 스스로 자신의 원인인 동시에 그 원인의 결과로서 존재한다. 이것은 자신이 (어떤 결과로서) 존재하기 전에 미리 (어떤 원인으로서) 존재해야 한다는 역설을 함축한다.

칸트는 생명체의 이런 역설적인 존재방식이 성립하기 위한 조건으로 두 가지를 꼽는다. 첫 번째 조건은 부분들과 전체가 어떤 독특한 관계 속에 놓여야 한다는 데 있다. 어떤 관계인가?

그것은 부분들이 그 현존과 형식의 측면에서 오로지 전체에 의해서만 의미를 지니는 관계다. 부분들이 있는 이유, 부분들이 하는 일이나 역할은 모두 전체에 봉사한다는 것이 밝혀질 때 비로소 이해 가능해진다.

두 번째 조건은 부분들과 전체 사이에서만이 아니라 부분과 부분들 사이에서도 어떤 독특한 관계가 성립해야 한다는 것이다. 그렇다면 어떤 관계인가?

그것은 부분들이 서로에 대하여 교호적으로 원인이자 결과가 되는 관계, 아울러 그런 상호의존성 속에서 전체의 통일을 이루도록 결합하는 관계다. 부분과 부분들이 서로에게 호혜적으로 시너지 효과를 일으키면서 결합되어 어떤 역동적인 통일성을 이루는 것, 오로지 이런 것만이 살아 있는 어떤 것이다.

이상의 추론들을 통해 칸트는 최종적으로 유기체에 대한 정의에 도달한다. 그 정의에 따르면 유기체는 어떤 일의 주체인데, 그것은 다름 아닌 "부분들이 서로서로 모두 그 형식의 면에서나 결합의 면에서 교호적으로 만들어내고, 그래서 하나의 전체를 자신의 원인성에서 생산하는 일(『판단력비판』§64)"이다.

고대인들은 자연적 사물의 핵심을 자발적 운동의 능력에서 찾았다. 칸트는 그 자발적 운동을 자기원인적인 운동으로 다시 정식화한다.

그리고 이 자기원인성을 좀 더 구체적으로 설명하기 위해서 나무와 시계를 비교한다. 시계는 기계론적 자연관에서 자연 현상을 설명할 때 비교 모델로 자주 등장하던 사례다. 이 비교에서 생명체를 대표하는 나무는 세 가지 관점에서 두드러진 특징을 드러낸다.

첫 번째 특징은 종적 차원의 재생산이다. 나무는 자라나서 씨앗을 낳고, 이 씨앗에서 새로운 나무가 자란다. 씨앗을 낳는 나무는 씨앗에서 나온 나무의 원인인데, 이런 번식의 과정을 통해 유지되는 종의 관점에서 보면 나무가 나무의 원인이 된다. 이런 의미에서 나무는 자기원인적인 존재자라 할 수 있다.

두 번째 특징은 개체적 차원의 재생산이다. 가령 나무는 상처를 입으면 스스로 치유하고 개선하는 능력이 있다. 한 곳이 망가지면 다른 부분들이 협력하여 그 부분을 원래대로 회복하거나 그 기능을 대신한다. 이런 의미에서도 나무는 자기 자신을 원인으로 존재한다고 말할 수 있다.

마지막 세 번째 특징은 부분과 부분들, 가령 뿌리와 잎이 서로의 기능에 의존한다는 점에 있다. 뿌리가 없으면 잎이, 잎이 없으면 뿌리가 생존할 수 없다. 나무와 같은 유기체는 부분들의 상호의존성, 호혜적인 생산성을 통해 자기를 스스로 보존하고 유지한다는 점에서 자기원인적인 존재자라고 말할 수 있다.

나무와 달리 시계는 이런 세 가지 특징을 모두 결여한다. 자기와 동일한 개체를 낳을 수 없으며 고장이 났을 때는 스스로 회복하지 못한다. 부분과 부분들은 긴밀한 호혜적 관계 속에서 서로의 원인이 되는 것이 아니라 어떤 외면적인 관계에 있다. 그 외면적인 관계는 기계론적인 인과성에 의해 성립한다. 여기서는 원인 A가 결과 B를 낳되 B가 다시 A의 원인이 될 수 없다.

반면 나무와 같은 유기체에서는 A가 B의 원인이면서 다시 B의 결과가 된다. 하나가 다른 하나의 목적이면서 동시에 수단이 되기도 한다. 이것이 기계론적 인과성과 구별되는 목적론적 인과성인데, 이것의 특징은 양방향적이라는 데 있다.

이런 양방향적인 인과성을 칸트는 '교호적' 혹은 '호혜적'이라 부른다. 아울러 칸트는 유기체가 지닌 자기 재생산 및 회복 능력을 설명하기 위해서 다음과 같이 두 가지 힘을 구별한다.

무릇 기계는 단지 운동하는 힘bewegende Kraft만을 가지나 유기적 존재자는 자기 안에 형성하는 힘bildende Kraft을 소유하고, (…) 스스로 번식하며 형성하는 힘을 가지고 있다. 이런 힘은 운동 능력(기계성)만으로는 설명될 수 없다.

－『판단력비판』§65

시계와 같은 인공물은 작용인에 따르는 외부적인 운동력에 의해서만 작동한다. 반면 나무와 같은 생명체는 스스로 자기 자신을 형성해가는 조형력을 지닌다.

물론 인공적 제작물도 앞에서 언급했던 것처럼 어떤 설계자를 전제한다. 그리고 모든 설계에서는 부분들에 앞서 전체의 개념이 먼저 설정되어야 한다. 인공적 제작은 미리 계획된 전체의 개념에 맞추어 부분들을 조직해간다는 점에서 목적론적이다. 부분들의 형식과 결합 방식을 전체라는 목적론적 관점에서 결정하는 한에서 인공적 제작은 유기적 생산과 동일한 논리를 따른다.

그러나 둘 사이에는 건널 수 없는 심연이 가로놓여 있다. 칸트는 두 가지 인과성(기계론적 인과성과 목적론적 인과성)과 두 가지 힘(운동력과 조형력)을 구별하여 그 심연과 같은 차이를 해명하고자 한다.

유기체를 둘러싼 입장들

칸트가 유기체의 고유한 논리를 밝힐 때 이 문제를 둘러싼 다양한 입장들이 있었다. 칸트는 이런 입장들 사이의 논쟁에 개입하여 자신의 논지를 좀 더 분명하게 펼친다. 유기체에 대한 주요 입장, 특히 형이상학적 입장들로는 관념론 idealism, 물활론hylozoism, 유신론theism이 있다.

첫째, 관념론은 생명 현상이나 그것이 따르는 목적론적 질서가 세상에 실재하는 것이 아니라 인간의 관념으로만 있는 어떤 것에 불과하다는 입장이다. 세계의 질서를 우연의 산물이라고 본 에피쿠로스, 목적론적 사유를 신랄하게 비판했던 스피노자가 이런 입장의 대표적 사례다.

스피노자뿐만 아니라 갈릴레오, 데카르트 같은 17세기 주요 과학자나 철학자들을 대부분 목적론을 폐기하고 기계론을 옹호했다. 이들은 자연에는 오직 기계적인 법칙만 있으며 생물학적 현상이나 목적론적 질서는 모두 인간의 머릿속에 관념으로만 있는 가상이라고 주장했다. 그러나 칸트는 기계론과 목적론이 양립할 수 있다는 입장을 펼쳤다.

둘째, 물활론은 물질 자체를 살아 있는 어떤 것으로 간주하는 입장이다. 이런 물질관은 고대로 올라갈수록 동서에 공통적으로 나타난다. 물질 속에는 심리적이고 영적인 요소가 들어 있다는 것인데, 칸트 시대에 이런 물활론을 대변하는 철학자는 『순수이성비판』을 물활론적인 관점에서 재해석한 마이몬이다.

20세기의 베르그손, 화이트헤드, 들뢰즈 같은 철학자들도 물질 속에서 이념적 요소들이 분만된다고 보는 마이몬과 유사한 관점을 공유한다. 칸트의 열렬한 수강생이자 근대 역사철학의 선구자인 헤르더 역시 물활론적인 자연관을 가지고 있었다.

칸트는 물활론에 대해 가혹한 비판을 가한다. 유기체 논리를 어떤 발견을 위한 가설이나 체계 구성을 위한 규제 원리로 보는 데 그치는 것이 아니라 존재론적으로 절대화하는 것에 반대하는 것이다.

마지막으로 유신론은 아리스토텔레스-스콜라의 목적론적 자연관처럼 자연의 사물들 전체가 신을 정점으로 목적-수단의 관계에 따라 유기적으로 구조화되어 있다고 보는 입장이다. 이것에 따르면 자연 전체는 살아 있는 유기체인데, 이 유기체를 조직하는 목적론적 인과 질서 전체는 그 마지막 목적을 신에 두고 있다.

이런 이론을 일컬어 '자연 신학'이라고 하는데, 칸트는 이와 유사한 입장을 옹호한다. 즉 전체로서의 자연은 하나의 단일한 '목적들의 체계'를 이루고 있으며, 이 체계의 설계자로서 신을 전제한다는 것이다. 칸트가 유기체를 대상으로 하는 판단의 원리들을 규명하는 최종 이유는 신의 존재에 대한 '도덕적 증명'을 개진하는 데 있다.

유기체 가설이 필요한 이유

칸트 시대에는 이런 고전적인 이론들 말고도 유기체론에 대해 강력한 이의를 제기한 두 가지 이론이 등장했다. 그중 하나가 전성설preformationism이다. 이 이론에 따르면 모든 생물은 신에 의해 사전에 만들어져 있다.

우리 몸은 러시아 인형 마트로시카matryoshka처럼 이미 후손들의 몸을 미시적인 크기로나마 완성된 형태로 내장하고 있다. 그렇기 때문에 생식, 번식과 같은 자기 재생산은 기계적이고 물리적인 법칙에 따라 일어난다고 보아야 한다. 이 세상의 모든 동식물은 이미 신에 의해서 만들어져 있다가 시간의 경과와 물리적 법칙에 따라 나타났다 사라진다는 것이다.

다른 하나는 물질과 힘을 동일한 것으로 간주하는 이론이다. 대표적으로 뉴턴이 이에 해당하는데, 이것은 중력이나 인력처럼 물질이 가진 힘들에 의해 모든 생물학적 현상을 설명할 수 있다는 입장이다.

칸트는 이런 두 입장에 대해 다시 반론한다. 칸트에게는 현상계(경험의 세계)와 예지계(이념의 세계)라는 두 세계가 있다. 그리고 유기체론이나 목적론적 판단의 원리는 현상계의 경험적 대상을 실제로 구성하는 원리가 아니다.

그것은 '지성의 구성적 원리'가 아니라 '반성적 판단의 규제적 원리'로서 예지계로 나아가기 위해 이성이 받아들여야 하는 가설적 원리에 불과하다. 칸트는 자신의 유기체론이 과학적 자연 탐구를 지도하는 발견적 원리임을 강조한다.

그것은 지성이 아닌 이성의 관점에서 사물을 바라볼 때 우리가 자연에 투사하는 원리, 과학적 탐구에 방향이나 구도를 잡아주는 '가정법 as if'의 원리라는 것이다.

경험적 현상을 설명하는 객관적 원리가 아니라는 것은 심미적 판단의 원리들도 마찬가지다. 다 같이 반성적 유형에 속하는 심미적 판단과 목적론적 판단은 사물의 참된 모습을 구하지 않는다. 그것들이 구하는 것은 다만 판단 주체의 사고에 의미를 부여하는 주관적 원리일 뿐이다.

목적론적 판단의 원리는 객관적 진리 자체로서 용인되어서는 안 된다. 다만 과학적 탐구의 발견적인 원리, 과학적 발견들을 효율적으로 체계화하는 지도 원리로 그쳐야한다. 이것이 계몽주의자로서, 그리고 근대 과학에 대한 확고한 믿음을 가진 철학자로서 칸트가 견지하는 입장이다.

칸트는 우리가 유기체론을 가설로서 받아들여야 하는 이유로 인간의 유한성을 지적하기도 한다. 과학이 발달하기 전에 인간은 천둥, 번개 같은 자연 현상을 신의 분노로 이해했다. 그리고 제사를 드리면 신의 노여움이 풀려서 그런 현상이 사라지리라 믿었다. 과학이 진보함에 따라 인간은 그런 믿음을 비웃게 되었지만, 그럼에도 여전히 유한한 존재자이기는 마찬가지다.

수많은 과학적 발견과 성취에도 불구하고 인간은 아직도 헤아릴 수 없는 무지에 가로막혀 있다. 신처럼 모든 것을 완전히 알지 못하고 단지 부분적이고 표면적인 현상들만을 알 수 있을 뿐이다. 이런 이유에서 우리는 미지의 세계를 향하는 과학적 탐구 자체에서 과학을 넘어서는 가설로서 유기체 모델이나 목적론적 판단의 원리가 필요한 것이다.

여기서 칸트가 판단력의 '보행기'에 대해 언급했던 대목을 상기하자. 판단력이 부족한 사람이 추상적인 세계를 걷기 위해 의지해야 하는 보행기가 있는데, 그것은 개념적인 것을 구체적으로 직관하도록 도와주는 경험적 사례들이었다.

이와 마찬가지로 근본적으로 유한한 인간이 자연의 신비나 우연에 부딪쳐 앞으로 나아가기 위해 의존해야 하는 것이 있는데, 그것이 목적론적 판단의 원리이자 유기체 모델이다. 생명 현상은 기계론에 붙들려 있는 인간 지성으로는 설명 불가능한 신비이며, 이런 신비를 해소하기 위한 가설적 모델이 유기체론이다.

아름다운 자연과
살아 있는 자연

인간 지성과 신적 지성의 구분 – 독일관념론의 출발점

먼저 칸트가 인간 지성과 신적 지성을 비교한 대목을 보자.

> 우리 지성은 인식에서 분석적으로-보편적인 것(개념)으로
> 부터 특수한 것(주어진 경험적 직관)으로 나가지 않을 수 없다
> 는 특성을 지닌다. (…) 그러나 이제 우리는 또 하나의 지성
> 을 생각할 수 있다. 이 지성은 우리의 지성과는 달리 논변적
> 이지 않고 직관적이므로 종합적으로-보편적인 것(하나의 전
> 체 그 자체에 대한 직관)으로부터 특수한 것으로, 다시 말해 전
> 체로부터 부분들로 나아간다.
>
> –『판단력비판』§77

아마 칸트 이후의 철학사를 생각한다면, 이곳은 『판단력비판』에서 가장 중요한 부분으로 꼽을 수도 있다. 왜냐하면 독일관념론으로 가는 출구가 바로 여기일 수도 있기 때문이다.[3]

이 대목에 따르면 인간 지성과 신적 지성은 어떤 보편성을 추구한다는 점에서는 같다. 그러나 둘이 도달하는 보편성은 완전히 다르다. 어떻게 다른가? 인간적 지성이 도달하는 보편성은 '분석적 보편성analytic universality'이고, 신적 지성이 획득하는 것은 '종합적 보편성synthetic universality'이다. 그렇다면 분석적 보편성은 무엇이고 종합적 보편성은 무엇인가?

분석적 보편성은 개별적인 사실과 분리된 보편성을 말한다. 반면 종합적 보편성은 개별적 사실과 일체를 이루는 보편성이다. 분석적 보편성은 추상적인 보편성에, 종합적 보편성은 구체적인 보편성에 해당한다.

우리 인간은 개별적이고 특수한 사실에서 공통점을 뽑아내고 이질적인 내용은 버리면서 보편적인 개념에 이른다. 따라서 그 개념은 추상적일 수밖에 없다. 그 추상적인 개념은 구체적인 내용과 분리되어 있고, 어떤 한계를 지닌다.

그 한계란 개념으로 환원되지 않는 것들은 모두 우연한 것으로, 심지어 무의미한 것으로 만들어버린다는 데 있다. 인간이 갖는 개념은 추상의 결과이기 때문에 감각적인 내용과 분리되어 있고, 그 내용의 상당 부분은 개념에 의해 포착되지 않는다는 이유로 무의미의 그늘에 묻히게 된다.

그러나 신의 지성이 갖는 개념은 반대다. 그것은 특수한 사실들을 사상하여 나오는 개념이 아니라 그 사실 전체에 꼭 들어맞는 개념이다. 인간 지성은 직관된 내용에서 추론을 거쳐 개념에 이르지만, 신적 지성은 직관하는 동시에 개념적으로 파악하고 개념적으로 파악하는 동시에 직관한다. 직관과 개념이 동떨어져 있는 것이 아니라 동일한 사태를 이루는 것이다.

그래서 신의 개념은 인간의 개념과 달리 형식과 내용, 보편과 특수가 하나로 결합된 종합적 보편성을 띤다. 신의 지성은 직관적이고 신적인 직관은 지적이다. 신의 지적인 직관(직관적인 지성)에 대해 모든 것은 어떤 필연성 속에서 파악된다. 인간 지성에게 우연하거나 신비하게 나타나는 그 모든 것들이 신의 지성에서는 명석 판명한 어떤 것들로 인지되는 것이다.

칸트가 이런 지적인 직관에 의해 파악된 개념이 종합적 보편성을 띠고 있다고 본 이후 독일관념론에서 또한 철학적 개념이란 바로 그런 종류의 보편성을 띠어야 한다고 전제된다.

과학적 개념이 구체적 내용과 분리된 분석적 보편성밖에 가지지 못할 때, 철학적 개념은 구체적 내용과 더불어 하나를 이루는 종합적 보편성을 지녀야 한다는 것이다. 이것은 철학적 탐구의 기관이 직관과 분리된 지성이 아니라 직관과 하나를 이루는 지성, 다시 말해서 지적인 직관이 되어야 한다는 것과 같다.

독일관념론에서 철학은 지적인 직관을 통해 예지계의 이념들(무제약자들)을 향해 나아가는 탐구 활동으로 정의된다. 이런 새로운 철학사적 전회는 칸트가 만들어놓은 선택지, 다시 말해서 '분석적 보편성인가, 종합적 보편성인가'라는 물음에 대한 결단에서 온다.

그러므로 칸트는 의도하지 않게 자기 자신 이후에 올 거대한 변화를 촉발한 셈이고, 우리는 그것을 칸트가 철학사에 가져온 또 하나의 코페르니쿠스적 전회로 기록할 수 있을 것이다.[4]

살아 있는 것과 아름다운 것

칸트가 유기체(자연목적체)를 논의하면서 신적 지성을 끌어들인 이유는 어디에 있는가? 그것은 유기체의 정교한 구조와 기능들을 보면 가설적으로나마 어떤 지적 설계자를 상정하지 않을 수 없다는 생각 때문이다. 가령 공중을 날아다니기 좋게 조형된 새의 골격, 속이 빈 뼈, 운동과 방향 조절에 적합한 날개 및 꼬리의 배치 같은 것을 보자.

이런 것들을 맹목적인 기계적 인과성의 산물로만 바라본다면 불가사의하거나 순수 우연한 현상으로 판정할 수밖에 없다. 이런 생명 현상의 신비를 과학적으로 벗겨가는 과정에서 인간 지성은 어떤 규제 원리로나마 목적론적 인과성을 끌어들여야 한다. 그리고 이런 목적론적 인과성은 간접적으로 유기체에 통일성을 부여하는 어떤 지적 설계자를 향한다.

칸트는 생명의 세계가 암시하는 그런 지적 설계자를 근거로 신의 존재를 증명할 수 있다고 본다. 그러므로 생명체가 요구하는 목적론적 판단의 원리는 한편으로 과학적 탐구에, 한편으로는 종교적 믿음과 도덕적 실천에 봉사하는 위치에 있다. 그러나 생명체 못지않게 그런 중간자에 해당하는 것이 있다. 아름다운 형식이 그것이다.

자연은 살아 있다는 느낌을 줄 때 못지않게 아름답게 다가올 때 경탄을 불러일으킨다. 우리는 그런 경탄스러운 현상을 보면서 그 배후에는 어떤 지적 설계자가 숨어 있지 않은가 묻게 된다.

이런 지적 설계자의 가설은 과학적 발견의 안내자로서, 아울러 종교적 신앙의 근거로서 이중의 역할을 떠맡을 수 있다. 아름다움은 살아 있음 못지않게 이론과 실천을 연결하는 중간고리가 될 수 있다.

그러므로 여기서 다시 살아 있는 것과 아름다운 것 사이의 관계를 정리해보자. 이것은 목적론적 판단과 취미 판단의 관계를 돌아본다는 것과 같다.

사실 칸트는 『판단력비판』 후반부를 아름다움에 대해 언급하면서 시작한다. 이는 『판단력비판』 전반부의 중심 주제인 아름다움이 후반부의 중심 주제인 살아 있음과 어떠한 긴밀한 관계에 있음을 환기하기 위함이다.

앞에서 충분히 강조했던 것처럼 아름다움은 그것을 판단하는 주체의 마음을 살아 있게 만든다. 인식능력들 사이에 자유로운 유희를 촉발하여 "마음의 힘들을 강화하고 홍

겹게(『판단력비판』 §61)"한다. 심미적 판단이 주는 쾌감은 이런 활력을 내부로부터 감지하는 데서 온다.

『판단력비판』 전반부의 취미 판단 분석은 마음속에 일어나는 이런 생동감에 초점을 맞춘다. 그러나 후반부의 목적론적 판단 분석은 마음속이 아닌 자연 속의 생동성에 초점을 맞춘다. 『판단력비판』의 두 부분은 각각 심리학적 생명 현상과 생물학적 생명 현상을 다룬다는 점에서 내용상의 연속성을 이룬다.

심리학적 생명 현상은 마음속의 주관적 합목적성(공통감)을 원리로 하고, 생물학적 생명 현상은 자연 내의 객관적 합목적성(자연목적체)을 원리로 한다. 위에서 지적한 것처럼 전자는 후자의 타당성을 강화하는 지지대인 것처럼 보인다. 왜냐하면 취미 판단이 대상으로 하는 아름다운 형식(목적 없는 합목적성)은 그 배후에 마치 어떤 숨겨진 의도나 지적 설계가 숨어 있는 듯한 인상을 주기 때문이다.

기하학적 도형의 아름다움과 합목적성

그런데 『판단력비판』 후반부 시작 부분에서 언급되는 아름다움은 자연의 아름다움이 아니라 원과 같은 완벽한 형태의 기하학적 도형이다. 기하학적 도형은 아름답다고 일컬어질 때가 있는가 하면, 유기체 못지않게 객관적 합목적성을 띠는 것처럼 보이기도 한다. 그렇기 때문에 서양의 피타고라스-플라톤 전통에서 기하학적 도형은 무한한 경탄의 대상이었다.

아름다움과 합목적성을 동시에 지닌다는 점에서 기하학적 도형은 『판단력비판』의 전반부와 후반부를 잇는 연결 고리로도 안성맞춤인 듯 보인다. 그러나 이것은 겉보기에 불과하다. 칸트에 따르면 기하학적 도형은 아름답다기보다는 완전한 것이고, 합목적성을 띠되 유기체와는 다른 종류의 합목적성을 지닌다.

먼저 기하학적 도형을 아름다움의 측면에서 다가서보자. 원과 같은 도형이 경탄의 대상이 될 만큼 매력적이라는 것은 사실이다. 그러나 그것은 자연의 아름다움이 주는 매력과는 다른 매력이다. 그렇다면 어떤 매력인가? 그것은 이론적 탐구나 공학적 설계에서 다양한 문제들을 해결할 때 유용하다는 데 있다.

기하학적 도형은 복잡한 수학적 문제나 기술적 제작에 명쾌하고 가시적인 해결의 길을 열어놓기를 반복한다. 우리는 그럴 때마다 '진리는 아름답다'라는 경탄을 내뱉는다. 그러나 이는 문제 해결의 상황에서 그것이 완벽한 적합성을 보여준다는 사실에 의해 유발된 감동일 뿐이다. 여기서 '아름답다'는 말은 그런 실용적 의미의 완전성에 잘못 붙여진 형용사다.

그렇다면 기하학적 도형이 보여주는 합목적성은 어떠한 것인가? 여기서 문제는 공간적 형식의 합목적적 구조에 있다. 그런데 칸트에게 기하학적 도형의 유래는 우리 의식에 있다. 감성적 직관의 형식으로 의식에 내재하는 선험적 공간을 이러저러한 방식으로 특화하고 있는 것이 기하학적 도형이라는 것이다.

이것은 플라톤의 생각과는 완전히 다른 의견이다. 플라톤에게 원과 같은 도형은 의식과 독립해서 그 자체로 존재하는 순수 개념적 실재다. 이 개념적 실재는 경험적 세계의 구조를 드러내는 이상적 형식이다.

그러나 칸트에게 공간적인 것은 그 어떤 것도 의식 없이 존재할 수 없다. 공간적인 것은 언제나 감성적 직관의 형식에서 비롯된다.

인간 정신에 대하여 기하학적 도형이 경험과 무관하게

알 수 있는 어떤 것이라면, 이는 그 도형이 유형화하는 공간이 선험적이기 때문이다. 따라서 기하학적 도형이 보여주는 합목적성은 유기체가 보여주는 합목적성과는 다른 종류임을 알 수 있다.

원과 같은 도형의 합목적성은 '형식적' 합목적성이다. 이 점에서 그것은 유기체가 보여주는 '내용적' 합목적성과 구별된다. 게다가 그것은 의식 바깥의 자연에서 찾을 수 있는 합목적성이 아니다. 그것은 의식 내부에서 찾아야 하는 합목적성이고, 이 점에서도 유기체가 보여주는 합목적성과 구별되어야 한다.

단일한 유기체로서의 자연

칸트는 이렇게 기하학적 도형을 끌어들여 (객관적) 합목적성을 형식적인 것과 내용적인 것으로 나눈다. 이후 내용적인 합목적성을 '외적인 것'과 '내적인 것'으로 구별하는데, 앞에서 이미 언급했던 것처럼 인공의 제작품이나 (강-식물 같은) 자연 현상들의 수단-목적 관계는 외적 합목적성을 구현하는 사례다.

반면 내적 합목적성은 살아 있는 유기체(자연목적체)에

서만 발견될 수 있다. 여기서 발견되는 내적 합목적성은 '절대적'이라는 수식어까지 붙는다. 이는 외적 합목적성이 상대적이거나 우연적인 관계에 불과한 반면, 유기체가 구현하는 내적 합목적성은 어떤 필연적인 관계를 함축하기 때문이다.

칸트는 내적 합목적성을 실현하는 개별적인 유기체의 특징을 자세히 분석한 후 자연 전체를 단일한 유기체로 볼 것을 제안한다. 이런 제안을 받아들인다면 우리는 전체로서의 자연에는 개별적인 유기체에서처럼 하나의 단일한 목적이 내재한다고 가정해야 한다.

그렇다면 자연에 통일성을 부여하는 그 목적은 어디서 유래하는가? 칸트는 이런 물음을 통해 신으로 나아간다. 자연에 어떤 목적이나 계획이 숨어 있다면, 그런 계획의 설계자로서 신을 요청해야 한다는 것이다. 이는 전체로서의 자연을 신의 작품으로 간주해야 한다는 요구와 같다. 그러나 자연 전체를 신의 작품으로 간주하자마자 칸트의 논의에 여러 가지 내적 모순이 생긴다.

자연을 신의 작품으로 볼 때 생기는 문제는 합목적성의 관계가 일반화된다는 데 있다. 그 결과 어떤 전도가 일어난다. 처음에 우연하고 자의적인 것으로 평가되던 외적 합목적성의 관계, 가령 (퇴적물을 실어 나르는) 강과 (그것을 자양분으로 성장하는) 식물의 관계가 어떤 필연적이고 내적인 합목적성으로 뒤바뀌는 것이다.

그러나 이보다 더 큰 문제는 자연에 통일성을 부여하는 내적 목적이 외적인 것으로 전도된다는 데 있다. 자연을 하나로 묶는 목적은 이제 자연 내부에 있는 것이 아니라 그것을 만든 신으로부터 오게 되는 것이다. 따라서 전체로서의 자연은 내적 목적을 지니는 유기체이기를 멈추고 외적 목적을 원리로 생산되는 인공적 제작품과 유사한 어떤 것이 된다.[5]

전체로서의 자연을 내적 목적을 지닌 단일한 유기체('목적들의 체계')로 본다는 것은 그것을 자기 충족적이고 자기 조절적인, 따라서 전적으로 자율적인 전체로 본다는 것과 같다. 자연을 이런 자율적인 전체로 파악한다면, 우리는 당연히 그것을 신의 작품으로 간주할 수 없게 된다. 오히려 물활론의 관점에서 접근하는 것이 더욱 적절하다.

그러나 칸트는 물활론을 신랄하게 비판한다. 왜냐하면 물활론의 주장을 사실로서 받아들이면 당대 과학과 맞물린 기계론을 부정해야만 하기 때문이다. 지성의 차원에서는 기계론을 결코 부정할 수 없다고 보는 칸트의 관점에서 물활론은 과학적 주장이 아니라 독단적 형이상학에 불과하다. 감성적 직관을 초과하는 물자체에 대해 이론적 지식이 가능한 것처럼 주장하는 사이비 과학인 것이다.

칸트에게 유기체론은 이론적 지식과 같은 반열에 있는 것이 아니라 이론적 탐구를 멀리 안내하거나 규제하는 가설적 이념(가정법적 관점 'as if'의 문제)으로 그쳐야 한다. 그리고 그 가설적 이념은 이론과 실천, 존재와 당위의 간극을 메우는 방향으로 나아가는 것이 바람직하다. 칸트가 유기체론에 친화적인 물활론을 배척하고 그것과 모순을 이루는 듯한 유신론을 옹호하는 이유는 여기에 있다.

목적론적 판단의 계기들

자연의 최종 목적 – 문화적 인간

자연 전체가 단일한 유기체로서 통일된 체계를 이룬다면, 이 체계가 조직되는 중심은 어디에 있는가? 기독교 전통에서 세계 창조의 중심에는 인간이 있다. 신이 자연을 창조한 것은 그것을 인간에게 선물하기 위함이다.

그렇기 때문에 서양철학자들, 특히 데카르트는 인간을 종종 '자연의 지배자요, 소유자'로 불렀다. 칸트의 자연철학에도 이런 생각이 바탕에 깔려 있다. 인간이야말로 자연의 주인으로서 창조의 '최종 목적letzte Zweck'이자 '궁극 목적Endzweck'이라는 것이다.

그렇다면 여기서 창조의 최종 목적은 무엇이고 궁극 목

적은 무엇인가? 비슷해서 혼돈되기 쉬운 두 용어는 인간이 지니는 본질적인, 그러나 분명히 구별되는 두 가지 자질에 각각 대응한다.

먼저 이렇게 물어보자. 인간이 자연의 주인이 될 수 있는 이유는 어디에 있는가? 그것은 자연과 독립해서 존재하고 자연을 넘어서는 차원에 거주하는 능력에 있다. 그렇다면 자연을 능가하는 인간적인 능력은 무엇인가?

데카르트 같은 철학자는 그것을 과학적 탐구의 능력에서 찾았다. 오로지 과학의 발전에 힘입어 인간은 스스로 자연의 지배자가 될 수 있다는 것이다. 그러나 칸트는 그 이유를 과학과는 다른 두 영역에서 찾는데, 하나가 문화이고 다른 하나가 윤리다. 인간이 자연의 주인이 될 수 있는 이유는 문화적 역량과 도덕적 역량을 지닌다는 데 있다는 것이다.

그래서 칸트는 문화적 존재자로서의 인간을 창조의 최종 목적으로, 도덕적 존재자로서의 인간을 창조의 궁극 목적으로 정의한다. 신이 인간을 창조한 것은 그를 통해 자연 저편에 문화의 세계를 건설하고 마침내 이상적인 윤리의 세계를 수립하기 위해서라는 것이다.

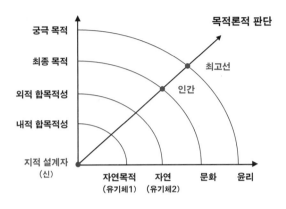

카트는 목적론적 판단의 계기를 4가지로 나누어 각각의 특성을 분석하고, 자연적 질서와 도덕적 질서의 일치 가능성(최고선)을 증명하고자 했다.

그렇다면 창조의 최종 목적으로서 인간이 지닌 문화적 자질이란 무엇인가? 그것은 상위의 목적을 세우고 실행하는 능력, 계획을 수립하고 적절한 수단을 찾아 의도된 목표를 실현하는 능력에 있다.

카트는 이런 능력을 '유능성Tauglichkeit'이라 불렀는데, 요즘 식으로 옮기자면 그것은 계획planing이나 설계design의 능력이라 할 수 있다. 물론 그것은 자연에 없는 목표를 계획하고 자연의 질서를 넘어서는 차원을 설계하는 능력이다.

칸트에게 문화는 이런 목적-수단의 문맥을 이해하고 설계하는 인간 고유의 능력에서 비롯한다.[6]

문화가 발전하여 인간이 자연 상태에서 시민사회로 나아가고 마침내 평화로운 세계시민사회가 도래하는 과정, 인간의 심미적 감수성이 세련을 더해가며 과학이 진보를 거듭하게 되는 과정은 모두 인간이 이런 계획 및 설계의 능력을 확장해가는 과정과 궤를 같이 한다.

자연의 궁극 목적 – 도덕적 인간

인간은 자연에 속하지 않는 목적을 자유롭게 수립하고 자연에 속하는 수단을 활용하여 그 목적을 실현하는 독특한 능력이 있다. 칸트에 따르면 이런 인간을 통해 동물의 왕국 속에 문화라는 새로운 차원이 열리도록 하는 데 창조의 목적론적 의미가 있다.

그런데 이런 문화의 세계가 자연이 존재하는 마지막 목적이라면, 그리고 그런 문화적 세계를 여는 인간이 창조의 최종 목적이라면, 우리는 다시 이렇게 물을 수 있다.

문화적 세계는 궁극적으로 어디서 완성되는가? 문화적 주체로서 인간이 향하는 최상의 목적은 어디에 있는가? 칸트에 의하면 그 궁극 목적은 인간이 도덕적 주체로 거듭나고 지상에 이상적인 윤리가 펼쳐지는 데 있다.

우리가 앞의 2부 『실천이성비판』에서도 보았던 것처럼 칸트에게 도덕적 인간은 몇 가지 특징을 지닌다. 먼저 그는 스스로 자기 자신이 수립한 도덕법칙(정언명법)에 따라 행동한다. 이때 중요한 것은 이 법칙이 무조건적이라는 데 있다.

문화적 인간은 특정 목적을 계획하고 그것에 적합한 수단을 찾아 실현한다. 반면 도덕적 인간은 모든 목적-수단 관계를 벗어난, 그래서 어떠한 다른 목적에 의해서도 제약되지 않는 법칙을 제정한다. 도덕적 인간이 창조의 궁극 목적인 이유는 여기에 있다.

무제약적인 입법의 주체인 도덕적 인간은 문화적 인간이 설계하는 목적론적 질서의 정점에 해당한다. 도덕적 인간은 이 세상에 있는 모든 목적들의 연쇄가 완벽하게 정초되는 최고의 목적이고, 그런 의미에서 자연의 궁극 목적이다.

이제 도덕적 존재자로서 인간에 대해서는 '무엇을 위해(무슨 목적을 위해) 그것이 실존하는가'를 물을 수 없다. (…) [도

덕적] 인간이야말로 창조의 궁극 목적이다. 왜냐하면 인간
이 없으면 서로서로 종속적인 목적들의 연쇄가 완벽하게 정
초되지 못할 것이니 말이다. 오로지 도덕성의 주체인 인간
에서만 목적들에 관한 무조건적인 법칙 수립을 찾을 수 있
으며, 그러므로 이 무조건적인 법칙 수립만이 인간으로 하
여금 전체 자연이 목적론적으로 그에 종속하는 궁극 목적일
수 있게 하는 것이다.

－『판단력비판』§84

　칸트의 도덕적 인간은 무조건적인 법칙 수립자일 뿐만
아니라 신을 요청하는 인간이기도 하다. 인간은 왜 신을 요
청하는가?

　『실천이성비판』의 변증론이 말하는 것처럼 그것은 최
고선의 가능성을 희망할 조건이 거기에 있기 때문이다. 최
고선은 배타적인 것처럼 보이는 도덕적 질서와 자연적 질
서, 도덕성과 행복의 비례적 일치를 가리키는 이념이다.

　윤리적 진보에 대한 신념을 향도하는 이런 최고선의 이
념은 자연의 왕국과 도덕의 왕국을 동시에 설계한 창조자
를 전제할 때만 이해 가능한 어떤 것이 된다. 그렇다면 이

창조자는 어떤 신인가? 칸트에 따르면 그 신은 복수의 신이 아니라 유일신일 수밖에 없다.

우리는 앞에서 칸트의 유기체론이 유신론과 병행한다는 점을 보았다. 이런 병행 관계는 두 가지 방향에서 정당화된다.

먼저 기계론적 관점의 불충분성을 메우는 방향이 있다. 기계론적 인과성에만 기댈 때 생명체는 불가해한 신비로 나타난다. 그런 생명체의 비밀을 벗겨가기 위해서는 그 배후에 지적 설계자의 의도가 숨어 있다고 가정할 수밖에 없다는 것이 칸트의 논지다.

다른 한편 물활론에 대한 적대감에서 시작하는 방향이 있다. 물활론은 독단적 형이상학으로서 근대 과학과 양립할 수 없다. 기계론과 양립 가능한 형이상학이 있다면 그것도 역시 유신론뿐이라는 것이 칸트의 입장이다.

과학적 탐구의 발견적 가설로서만이 아니라 과학적 법칙들을 체계적인 방식으로 재구성하기 위해서도 자연을 경제적인 논리에 따라 설계한 지적 설계자를 상정해야 한다는 것이다. 칸트는 이런 식으로 경험과학의 문맥에서 성립하는 신학을 '물리 신학'이라 부른다. 그리고 이런 물리 신학은 '도덕 신학'에 의해 보완되어야 한다고 본다.

유기체 현상을 과학적으로 탐구하기 위해서는 그것을 설계한 신적인 존재자를 상정할 수밖에 없음을 말하는 것까지는 좋지만, 그 신적인 존재자가 정확히 어떤 신인지 말하지 못하기 때문이다. 물리 신학이 무규정 상태로 남겨둔 신적인 존재자는 도덕의 차원에서, 특히 최고선의 이념에 대한 성찰 속에서만 완전히 규정될 수 있다는 것이다.

칸트에 의하면 최고선의 이념이 요청하는 신적인 존재자는 권능의 영역을 나누어 가지면서 서로 경쟁하는 복수의 신, 다신론의 신일 수 없다.

최고선은 자연의 왕국과 목적의 왕국의 상호 일치를 함축하므로 두 왕국을 통합적으로 설계하는 신을 전제한다. 그리고 그런 통합적인 법칙 설계자인 신은 전지전능한 유일신일 수밖에 없다.

무의미에 빠진 자연을 구제하기

앞에서 보았던 것처럼 『판단력비판』 전반부는 아름다움과 선함 사이의 유비 관계를 강조하면서 마무리된다. 예술적 아름다움은 윤리적 가치의 상징일 때만 모든 사람들에게 보편적인 동의를 얻을 수 있다는 것이고, 심미적 감정과 도덕적 감정이 일치할 때만 취미 판단은 항구적으로 안정된 형식을 얻을 수 있다는 것이다. 따라서 칸트는 다음과 같이 맺는다.

> 취미를 정초하기 위한 참된 예비학은 윤리적 이념들의 발달과 도덕 감정의 교화에 있다.
> ─『판단력비판』§60

『판단력비판』후반부도 전반부와 마찬가지로 여전히 일치의 문제를 맴돌며 끝난다. 다만 이번에는 예술과 도덕의 일치가 아니라 자연과 윤리의 일치가 문제일 뿐이다.

칸트는 최고선의 이념에 부합하는 신을 어떻게 정의할 것인가라는 물음으로 돌아가 그런 일치 가능성을 입증한다. 이것은 『순수이성비판』에서 몰락했던 신학이 부활하는 장면이라 할 수 있다.

칸트는 첫 번째 비판서인 『순수이성비판』에서 이론철학을 신학에서 해방하면서 위대한 역사적 전환을 가져왔다. 그러나 두 번째 비판서인 『실천이성비판』과 세 번째 비판서인 『판단력비판』에서는 신학이 다시 살아나 때로는 실천철학에, 때로는 예술철학에, 그리고 마침내는 이론철학에까지 짙은 그림자를 드리우고 있다.

칸트 철학에서 이렇게 신학이 죽었다 되살아나는 것은 부정적인 시각에서 비판될 수 있다. 철학이 간만에 신학에서 벗어나 자립하는 듯하다가 다시 신학에 의지하는 모양새인 것이다.

그러나 그렇게 되살아난 신학은 더 이상 근대 학문 위에 군림하는 신학이 아니다. 그것은 다만 근대 학문에 맞추어 개조된 신학에 불과하다.

신학은 문화의 중심에 있는 학문이 아니라 그 주변부로 밀려난 학문, 근대의 문화적 조건 속에서 실체를 잃어버린 학문일 뿐이다. 이제 신학은 이 세상에서 의미를 찾으려는 반성적 주체의 자기 정향 속에 유령처럼 어른거리는 그림자가 되었다. 그러나 그 그림자는 근대 과학에 의해 사막화된 자연에 오아시스와 같은 역할을 하게 된다.

사실 고대인에게 자연은 삶의 거울이었다. 삶의 지혜는 자연에 순종하는 데 있었다. 플라톤과 아리스토텔레스는 자연을 무한한 경탄의 대상으로 그렸다. 그리고 학문과 예술의 기원을 자연의 모방에서 찾았다.

그러나 17세기 이후 데카르트의 기계론이 일반화됨에 따라 자연은 맹목적인 인과법칙에 의해 움직이는 타성적인 물질의 세계로 전락했다. 그런 세계에 대고 삶의 목적이나 의미를 묻는 것은 이제 어리석은 일이 되었다.

인간으로서는 미처 헤아릴 수 없는 깊이를 지니던 자연은 기하학적 공간처럼 동질적인 평면으로 둔갑하면서 침묵 속으로 빠져들었다. 이론적 시선에 의해 해부대 위에 놓인 자연은 우리 인간이 어떻게 살아야 할지, 무엇을 행해야 할지 아무리 물어도 도대체 아무런 말도 하지 못하는 시체로 전락한 것이다. 파스칼은 『팡세』에서 모든 목소리를 상실한 우주 앞에 "이 무한한 공간의 영원한 침묵이 나를 두렵게 한다"고 전율했다.

칸트의 『판단력비판』, 특히 후반부의 목적론적 판단 분석은 이런 근대인의 경험과 관련지어 읽어야 한다. 이 저작은 근대 과학에 의해 무의미의 침묵에 빠진 자연을 구제하려는 노력에서 비롯된다. 모든 가치가 증발해버린 자연에서 다시 의미와 목적에 대해 이야기할 가능성을 찾으려 한 것이다.

그러나 더 정확히 말하자면 구제해야 할 것은 자연이라기보다 인간이다. 파스칼이 사막화된 자연 앞에서 느낀 공포는 허무주의의 위험성에서 온다. 맹목적인 물리법칙이 몰고 오는 허무주의에서부터 인간을 구제하는 것, 이것이야말로 칸트가 목적론적 판단의 필요성을 정당화하고 이를 위해 신학을 되살리는 마지막 이유일 것이다.

앞에서 언급한 것처럼 칸트는 인간 문화 전체의 기원을 동물과 구별되는 인간만의 고유한 자질에서 찾았다. 그 자질은 다름 아닌 계획 능력에 있다. 자연에 의해 저절로 이루어질 수 없는 목적을 설정하는 것, 목적 실현을 위한 적합한 수단을 찾고 단계적 절차를 설계하는 것, 절차에 따라 실행하는 것, 이런 것들이 모든 문화적 성취의 배후에 있는 활동이다.

그런데 이런 문화적 성취의 활동은 의미를 생산하는 활동과 같다. 문화의 세계란 의미의 세계이고, 그 의미는 자연에 내재하는 의미가 아니라 인간의 자유로운 계획 능력에 의해 생산되는 의미다. 따라서 자연이 무의미의 사막이라 해서 두려워할 필요가 없다. 그 무의미의 사막은 인간의 문화적 활동에 의해 다시 녹지로 변해갈 것이기 때문이다.

의미를 자연에서 찾지 말라는 것, 자연 저편에 목적을 설정하고 그 실현 절차를 설계하는 인간의 문화적 활동에서 찾으라는 것, 그것이 칸트가 근대 과학에 의해 초래된 허무주의에 맞서 가리키는 길이다.

그런데 칸트에 따르면 인간의 모든 문화적 활동에 마지막 목적과 방향을 부여하는 것이 있다면 그것은 최고선의 이념으로 집약되는 윤리적 가치다. 그리고 그 윤리적 가치는 전지전능한 유일신을 요청한다.

윤리적 삶 속에서 요청되는 이런 유일신에 대한 성찰이 근대의 역사적 조건 속에서 죽었다 살아나는 신학이라면, 이 신학은 인간의 모든 의미 생산 활동에 물을 대는 최초의 샘물과 같다. 우리가 칸트의 도덕 신학을 사막의 오아시스에 비유할 수 있는 이유가 바로 여기에 있다.

역사철학을 향하여

칸트가 『판단력비판』 후반부에서 목적론적 판단을 다루는 의도를 여기서 다시 정리해보자. 그 마지막 의도는 방금 지적했던 것처럼 근대 과학에 의해 증발해버린 가치의 차원을 복구하는 데 있다.

그런데 그 가치의 복원은 한편으로는 기계론에 의해 말살된 생명체의 의미를 되살리는 작업에서 출발하는가 하면, 다른 한편으로는 역사철학의 기초를 놓는 작업에서 완성된다. 칸트의 저작은 근대 유기체 철학의 초석이자 근대 역사철학의 기초로 평가될 만하다.

칸트 시대는 근대 생물학이 싹트기 시작한 시기였다. 17~18세기 초까지 생명 현상은 모두 기계론적 인과성으로 환원해 설명할 수 있는 것으로 간주되었기 때문에 생물학은 아직 '정상 과학'[7]으로 인정받지 못하는 상태였다.

그러다가 18세기 말~19세기 초에 이르는 시기에 린네나 갈바니 같은 과학자들에 의해 여러 중요한 생물학적 발견이 일어남에 따라 기계론으로 환원 불가능한 유기체 고유의 논리를 정당화해야 할 필요성이 제기된다.

이런 관점에서 우리가 우선 주목해야 할 철학자는 헤르더다. 그는 당대의 생물학을 섭렵해서 유기체론에 기초한 역사철학을 내놓은 인물로, 근대 역사철학의 시조로 지칭되는 비코와 비교해도 이 분야에서 훨씬 더 중요한 영향을 남긴 철학자다. 칸트가 『판단력비판』을 내놓은 것이 1790년인데, 그보다 훨씬 전인 1774년에 헤르더는 『인류의 육성을 위한 또 하나의 역사철학』을 발표하면서 당대의 주목을 끌었다.

헤르더는 물활론의 형이상학을 바탕으로 우주 전체를 하나의 유기체로 간주할 뿐만 아니라 어떻게 광물의 세계에서 식물의 세계가, 동물과 인간의 세계가, 그리고 마침내 국가와 역사의 세계가 열렸는지를 체계적으로 서술한다. 1784년에는『인류의 역사철학에 대한 이념』을 통해 이전 저서에서보다 훨씬 더 세련된 역사철학을 개진한다.

칸트는『판단력비판』집필 전에 헤르더의 저작에 대한 논평을 발표했고, 그 저작에 의해 자극을 받아 역사철학 관련 논문을 작성한다.『판단력비판』후반부는 이런 헤르더와의 관계를 고려하면서 읽어야 한다. 한편으로는 당대의 생물학적 발견을 수용하는가 하면 다른 한편으로는 역사철학의 기초 원리를 찾으려는 칸트의 노력에는 그의 제자였던 헤르더의 영향[8]이 컸다.

다만 헤르더가 옹호했던 물활론에 맞서서 기계론과 양립할 수 있는 유기체론을 제시한다는 것이 칸트 저작의 특징일 뿐이다. 칸트의 최초 역사철학 관련 논문들도 헤르더의 역사철학에 대한 반론의 성격이 짙다.『판단력비판』후반부는 헤르더와의 논쟁 속에 싹튼 역사철학의 목적론적 원리들을 철학적으로 정당화하기 위해 집필된 것이라 할 수 있다.[9]

과학혁명의 시대인 17세기에 철학을 선도하는 물음은 '앎이란 무엇인가'였다. 반면 영국의 산업혁명과 프랑스의 시민혁명에 의해 사회적 변혁을 맞이한 18세기에 가장 중요한 철학적 물음은 국가로 향했다. '우리가 앞으로 살아야 할 나라는 어떠한 모습이어야 하는가?' '우리는 어떠한 공동체를 꿈꿀 수 있는가?' 정치경제학적 질서가 뒤흔들리던 18세기는 광장을 찾는 시기였다.

루소를 비롯한 당대의 계몽주의자들은 민주주의를 뒷받침하는 기본적 이론들을 제시하는 데 여념이 없었다. 칸트와 그 이후의 역사철학에서도 역사의 목적은 이상적인 국가에 놓인다. 이때 국가는 개인이 가진 모든 소질을 가장 이상적으로 실현할 수 있는 질서를 가리킨다.

칸트의 역사철학에서 그런 이상적인 국가는 자연에 숨어 있는 계획의 일환으로 설정된다. 자연은 국가의 근간을 이루는 법적 질서를 자신의 목적으로 감추고 있고, 역사는 그 감추어진 의도가 실현되어가는 과정이다. 어떻게 실현되는가?

애덤 스미스는 개인들마다 자신의 이익을 다투는 시장이 비합리적이고 맹목적인 갈등의 장소가 아니라 오히려 그 반대임을 간파했다. '감추어진 손'에 의해 개인들 간의 수요와 공급이 합리적으로 조절되면서 상호 호혜적인 질서의 장으로 탈바꿈된다는 것이다.

그와 유사하게 칸트는 개인들이 타인을 배려하지 않고 오로지 자신의 이익을 쫓기 때문에 오히려 서로의 권리를 존중하는 법적인 질서가 도래한다고 본다.

개인의 반사회적 성향과 그로 인한 개인들 간 갈등이 서로에게 경쟁을 유발하고 개인이 끊임없이 자신의 소질을 계발하도록 분투하게 만든다는 것이며, 그 결과 서로 호혜적인 결과를 낳는다는 것이다. 칸트는 그런 역설적인 역사 실현의 원리를 '반사회적 사회성nonsocial sociability'이라 부른다.

그러나 역사는 자연 상태에서 법적 질서인 국가로 나아가는 데 그치지 않는다. 국가 단계를 넘어 세계시민적인 국제 질서로 나아가는 것이다. 왜냐하면 하나의 국가가 완벽하더라도 주변 국가와의 갈등이 해소되지 않으면 언제나 도탄에 빠질 가능성이 남게 되기 때문이다.

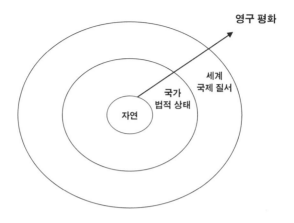

칸트는 역사적인 과정의 출발점은 자연이며, 역사는 자연 → 법적 상태(국가) → 국제 질서(세계)로 나아간다고 보았다.

칸트의 『영구 평화를 위하여』(1795)는 이런 역사 진보의 마지막 단계로서 세계적 단위의 영구 평화를 달성하기 위한 조건을 논하고 있다. 그 조건은 국제법을 제정하고 세계 법정을 수립하는 데 있다. 단일한 세계국가를 건설하는 것이 가장 바람직하지만 사실상 불가능하므로 평화로운 국제 질서를 위해서는 국가 간 분쟁을 해결할 수 있는 세계 법정을 설립해야 한다는 것이다.

이런 생각은 오늘날 UN의 실질적인 모태가 되었다. 칸트의 『판단력비판』 후반부는 이런 역사의 합목적성과 그 원리들을 체계적으로 정당화하는 위치에 있다.

Q 물고

답하기 A

서양 사상사는 존재론 차원에서 어떻게 전개됐는가?

서양 사상사의 흐름을 마음이나 자연에 대한 이해의 변화 과정으로 볼 수 있다. 마음은 인간에 대한 모든 물음이 발산하되 다시 수렴하는 궁극의 문제다. 자연은 외부 환경에 대한 모든 탐구가 출발하거나 다시 돌아가는 최후의 물음이다. 그러나 존재론의 차원에서 볼 때 서양 사상사는 무엇보다 신적인 것에 대한 이해의 역사로 재구성할 수 있다.

신적인 것의 역사가 시작되는 출발점에는 아

리스토텔레스의 '부동의 동자(Unmoved Mover)'가 있다. 아리스토텔레스의 자연철학에서 자연에 존재하는 모든 사물은 목적론적 위계질서에 따라 운동한다. 가령 나무는 가구가 되기 위해 있고 가구는 집을 위해 존재한다. 이와 마찬가지로 각각의 사물은 상위의 사물에 봉사하는 위치에 있으며 상위의 목적을 위해 생성 소멸한다.

그렇다면 목적론적 위계질서의 끝에 있으면서 자연의 모든 생성 소멸을 가져오는 궁극의 목적을 생각할 수 있다. 그것이 아리스토텔레스의 신이다. 그 신은 모든 사물을 운동하게 하는 원인이면서 그 자신은 움직이지 않는다. 자기보다 더 높은 상위의 목적이 없기 때문이다. 아리스토텔레스의 신은 이 세상의 모든 것을 끊임없이 움직이게 하지만 자기 자신은 다른 것에 의해 움직이지 않는, 움직인다면 자기 스스로 움직이는 부동의 동자다.

이런 신을 칸트적 용어로 번역하면 무제약자(the in-conditioned)가 된다. 무제약자란 말 그

대로 존재하기 위해 자기 이외의 다른 조건에 얽매이지 않는 어떤 것이다. 제약자가 언제나 다른 어떤 것에 의존적으로 관계하면서 존재할 때, 무제약자는 어떤 순수한 자기관계 속에서 존재하고 그런 가운데 다른 모든 것과 관계한다. 다른 모든 것들은 그 무제약자와 관계하는 가운데 비로소 존재하거나 비로소 규정 가능한 의미를 얻는다.

중세 스콜라 신학(scholaticism)은 아리스토텔레스의 부동의 동자라는 개념을 적극 활용하여 신의 존재를 증명하거나 신의 본성을 설명했다. 하지만 근대 철학의 문을 처음 연 철학자 데카르트에게서는 신과는 다른 것이 부동의 동자 자리에 오른다. 그것은 이제 대상의식의 조건으로 언명되는 자기의식이다. 의식이 언제나 대상 의존적이라는 의미에서 대상의식이라면, 모든 대상의식은 순수한 자기관계 속에 있는 자기의식에 의해 비로소 가능해진다는 것이다. 데카르트, 칸트, 독일관념론, 그리고 20세기의 현상학과 실존주의에 이르는 코기토 철학에서 자기의식은 모든 의식 현상의 생성소멸을 설명하는 궁극의 원리다.

반면 데카르트와 유사한 시기를 살다간 철학자 스피노자에게서 부동의 동자 자리에 오르는 것은 자연이다. 자연 내의 모든 사물은 자기 바깥의 다른 원인에 의존하여 존재하지만, 자연 자체는 자기 자신을 원인으로 존재한다는 것이다. 순수한 자기관계 속에 존재하면서 그 밖의 다른 모든 것을 생성 소멸하게 하는 것은 이제 자기의식으로서의 자아가 아니라 자기원인으로서의 자연이다.

이런 자기원인적인 자연 개념은 19세기에는 독일낭만주의 시대의 자연철학으로, 20세기에는 베르그손, 화이트헤드, 들뢰즈의 자연철학으로 계승된다. 데카르트 전통에서 신적인 것이 자기의식이라면, 스피노자 전통에서는 자연이다.

그러나 순수한 자기관계 속에서 신적인 아우라를 발하는 것은 루소와 칸트에게서 다시 달라진다. 그것은 이제 자유다. 그리고 그 자유는 자기입법을 의미하는 자율성(autonomy)으로 개념화된다. 무제약적인 것은 자기의식적인 자아도, 자

기원인적인 자연도 아니라 다만 자율성으로서의
자유라는 것이다.

칸트의 자유 개념은 아리스토텔레스에서 시작
되는 무제약적인 자기의 역사, 오토(auto)의 역사
안에서 이해되어야 한다. 서양은 신적인 것을 어
떤 존재론적 자율성으로 이해해왔다. 그리고 칸
트에 이르러 그 존재론적 자율성은 실천적 자율
성으로 번안되어 신성불가침의 자유를 정의하는
개념이 되었다.

무제약성은 신학적인 관점으로는 신성(神性)이
라 할 수 있는데, 서양 사상사는 그 신성을 어디에
설정하느냐 하는 관점에서 바라볼 수 있다. 가령
칸트 이후 헤겔은 무제약성을 이념이라는 논리적
생명체에 부여하여 세상만사를 그 이념이 펼치는
자기규정 및 자기전개의 산물로 보았다.

헤겔 이후 마르크스는 무제약성을 자본에서 발
견했다. 마르크스가 말하는 자본주의 시대란 모
든 사회적 질서가 자본의 자기극대화 운동 속에
생성 소멸하는 시대를 말한다. 이 시대에서는 자

기 자신과 비대칭적으로 관계하려는 자본이 모든 사건에 동력과 의미를 부여하는 무제약자의 위치에 있다.

20세기 철학자 하이데거에게서 무제약적인 위치에 놓이는 것은 자본이 아니라 테크놀로지다. 하이데거가 후기 저작에서 말하는 테크놀로지 시대란 문명의 질서, 의미, 목적이 테크놀로지에 의해 비로소 창출되는 시대, 기술의 바깥이 없어지는 시대를 의미한다. 하이데거 이후 푸코 철학에서, 특히 그의 계보학에서는 테크놀로지를 대신해서 권력이 등장한다. 문명적 질서의 기본 요소와 구조는 자기극대화 운동 속에 놓여있는 권력의 산물이라는 것이다.

오늘날 우리가 목도하고 있는 4차 산업혁명도 이런 오토의 역사 안에서 이해해 볼 필요가 있다. 우리는 지금 모든 사물이 자동화되는 시대, 기계들이 유기체의 각 부분처럼 상호적으로 작동하는 시대, 신성한 존재론적 자율성이 물질 속에 구현되는 시대를 맞이하고 있다. 자기운동, 자기원인,

자기생산, 자기규정, 자기전개, 자기입법, 자기자율의 '자기'(오토)가 사물 인터넷에 의해 광범위하게 연결된 사물들 속에 자라나고 있는 시대 말이다.

신성한 자기, 따라서 인간이 통제할 수 없는 그 무제약적 오토에 대한 이름이 인공지능일 수 있는가? 이른바 인공지능 시대라 불리게 될 우리의 가까운 미래는 오토의 역사를 다시 돌아볼 것을 요구한다. 이 시대에 우리가 칸트를 읽어야 하는 이유는 여기서도 찾을 수 있다. 우리는 인공지능의 자기에 맞설 수 있는 사유 및 자유의 형식을 발견해야 하는 과제에 부딪힐 수밖에 없다. 그리고 그런 과제에 부딪혀 우리에게 가장 커다란 용기와 지침을 주는 철학자가 있다면, 그가 바로 새로운 마음의 모델을 제시한 칸트일 것이다.

나가는 글
생각하는 법을 가르친 위대한 스승

철학은 지식을 가르친다기보다 생각하기를 가르친다. 이 점을 강조하기 위해 칸트는 앎으로서의 '철학'과 활동으로서의 '철학하기'를 구별했다. 사실 생각한다는 것이 무엇인지에 대해 칸트만큼 정확하게, 그리고 칸트만큼 다양한 관점에서 설명해준 철학자는 찾기 어려울 것이다. 오늘날 우리가 칸트를 읽어야 하는 이유도 최종적으로는 바로 여기에 있을 것이다.

『순수이성비판』에서 칸트는 지성적 사고가 구체적인 직관의 세계에서 자유롭게 전개되기 위한 조건을 가르친다. 지성적 사고는 하나의 개념을 구성하는 요소들, 혹은 서로 다른 개념들이 관계하는 방식을 하나의 도식으로 압축할 때 비로소 완성된다. 생각한다는 것은 때로 그림을 그린다는 것, 다이어그램을 만들어간다는 것과 같다.

인식과 사유를 구별하는 대목도 중요하다. 여기서는 이론적 사고를 넘어서는 형이상학적 사유, 지성적 사고가 아니라 이성적 사유가 문제다. 이성적 사유란 지식의 세계 전체에 일관성을 부여하는 최후의 구심점(이념)에 대한 사유다. 그러나 그 구심점은 우리가 개념적으로 파악하려고 시도하자마자 역설을 낳는 어떤 불가해한 물음으로 나타난다.

『실천이성비판』은 우리가 때로는 생각을 멈추어야 한다고 가르친다. 도덕적 실천과 윤리적 행위의 세계에서는 아무 생각 없이 무조건 받아들여야 하는 사실이 있는데, 그것이 바로 도덕법칙이자 그것이 개시하는 자유라는 것이다.

칸트의 윤리적 사유는 인간 속에 숨어 있는 기괴한 힘을 이해해보려는 노력이다. 그 힘은 거대한 권력이나 재산, 심지어는 자신의 생명까지도 포기할 수 있는 양심의 힘이다. 칸트는 그 양심을 자기입법의 의지로, 다시 말해서 자유로 정의한다. 그리고 그 자유의 숭고한 위력을 자연의 숭고한 모습과 마주 세운다. 우리에게 허무의 감정을 일으키는 우주의 거대한 크기나 죽음의 공포를 일으키는 자연의 폭력

적인 힘들도 그 불가해한 자유의 힘 앞에서는 다시 초라해
진다는 것이다.

『판단력비판』에서는 규정적 판단과 반성적 판단을 나누
는 대목이 각별하다. 여기서는 개념에서 출발하는 사고가
아니라 개념에 도달하는 사고, 규칙을 적용하는 사고가 아
니라 규칙을 창안하는 사고가 문제다. 이런 창조적 사고의
논리는 한편으로는 심미적 상상력의 원천으로, 다른 한편
으로는 목적 설계나 미래 계획의 원천으로 규명된다.

이때 심미적 상상력은 인식능력들이 저마다 최대치의 역
량을 발휘할 가능성뿐만 아니라 새로운 모습으로 다시 태어
날 가능성을 감추고 있다. 그러나 이것이 전부가 아니다. 칸
트적 의미의 심미적 상상력은 타인의 관점에서, 나아가 인
류의 관점에서 자신의 체험을 반조하는 능력을 포함한다.
이 점 때문에 칸트는 심미적 판단력의 도야야말로 인간성
의 도야로, 나아가 사회성의 도야로 나아가는 지름길로 보
았다. 이와 달리 목적론적 판단력에서는 문화 일반의 기원
과 그 발전의 원동력을 본다. 크건 적건 인간이 이룩한 대부
분의 문화적 성취는 목적을 설계하고 미래를 계획하는 인간
특유의 사고 능력에서 비롯된다는 것이다.

우리는 이제까지 칸트를 철학의 근대적 정체성을 확립한 철학자로, 그러나 동시에 근대인에게 생각하는 법을 가르친 위대한 스승으로 부각시키기 위해 노력했다. 생각한다는 것이 무엇인지 깊게 생각하고 싶은 독자들은 관련 부분들을 여러 번 반복해서 들추어보기 바란다.

주석

I부   칸트의 인지 혁명 - 마음 모델의 혁신『순수이성비판』

1.   **진리 대응설**(correspondence theory): 명제가 가리키는 대상으로서의 사실이 있고, 명제에 의해 표현된 의미가 대상과 일치할 때 그 명제는 참된 것이라는 입장을 말한다.

2.   『순수이성비판』에서 현상 배후의 사물 = x는 여러 이름을 얻는다. 감성론에서 그것은 감성적 직관의 저편이라는 의미에서 물자체(thing in itself)라 불리고, 분석론에서는 지성의 제약을 넘어선다는 의미에서 본체(noumenon)라 한다. 그리고 변증론에서는 이성적 사유의 상관 항이라는 의미에서 무제약자(the unconditioned)로 불리고 이성에게 문제를 제기한다는 의미에서는 이념(idea)이라 불린다.

3.   **범주**(categories): 다른 단어와의 관계 속에서만 의미를 갖는 단어들을 엄격하게 분류하기 위한 것으로, 아리스토텔레스에게 범주는 사고의 형식이자 존재의 형식이었으며 그런 의미에서 범주표는 존재의 분류이기도 하다. 범주론을 통해 아리스토텔레스는 플라톤과의 차이를 분명히 할 수 있었다.

4.   이 점에서 필자는 코엔이나 카시러 같은 이른바 '신칸트 학파'의 해석

을 따른다. H. Cohen, *Kants Theorie der Erfahrung*(Berlin: Cassirer, 1918) 그리고 E. Cassirer, *Kant's Leben und Werke*(Darmstadt: Wissenschaftliche Buchgesellschaft, 1975) 참조. 하이데거의 칸트 해석은 M. Heidegger, *Kant und das Problem der Metaphysik*(Frankfurt am Main: V. Klostermann, 1973) 참조.

5. A. Philonenko, "Lecture du schématisme transcendatal" in *Études kantiennes*(Paris: J. Vrin, 1982) 참조.

6. 질 들뢰즈, 『칸트의 비판철학』, 서동욱 옮김(민음사, 1995), 31~32쪽 참조.

7. 방법적 회의(doute méthodique): 불확실해 보이는 모든 것을 의심함으로써 절대적인 토대를 마련한 뒤 확실한 인식을 쌓으려는 데카르트의 방법론이다. 보편 학문 체계를 구축하기 위해 기존 학문과 관습 일체를 의심하는 것과 형이상학을 확고히 구축하기 위해 불확실한 모든 것을 의심하는 것으로 구분된다.

8. 예정조화(harmonie pré-établie): 우주는 서로 아무런 인과관계가 없는, 무수히 많은 모나드(monade)로 이루어져 있는데, 우주에 질서가 있는 것은 신이 미리 모든 모나드의 본성이 서로 조화할 수 있도록 창조했기 때문이라는 주장이다.

9. 질 들뢰즈, 『차이와 반복』, 김상환 옮김(민음사, 2004), 204~205쪽 참조.

10. 본유관념(innate idea): 경험적 인식 이전에 선험적으로 알고 있는 것으로, 태어날 때부터 가지고 있는 마음속의 원리나 개념 등을 말한다.

11. J. Derrida, *Marges de la philosophie*(Paris: Minuit, 1972), 234쪽 이하 참조. 그 외 백종현, 『한국 칸트사전』(아카넷, 2019), 847~858쪽 참조.

1. 덕 윤리와 의무의 윤리를 자세히 비교 및 설명하는 저서로 황경식,『덕 윤리의 현대적 의의』(아카넷, 2012) 참조.

2. 인간 사유의 이런 세 가지 근본 물음에 대해 칸트는 언제나 이중적인 관점에서 대답했다. 하나는 한계의 관점이고, 다른 하나는 자발적 선도의 관점이다. 그러므로 '나는 무엇을 알 수 있는가'라는 첫 번째 물음에서 감성적 직관은 지식의 한계로, 지성의 범주는 지식의 자발적 구성 원리로 설정된다. '나는 무엇을 해야 하는가'라는 두 번째 물음에서 도덕적 행위의 한계는 자유(도덕법칙)의 불가해성에서, 그리고 그 행위의 자발적 구성 원리는 의지의 자율적 입법과 도덕법칙에 대한 존경(인격성)에서 발견된다. '나는 무엇을 희망할 수 있는가'라는 세 번째 물음에서 희망의 한계는 도덕법칙 (자유)과 행복의 이율배반이고, 희망의 자발적 기투의 원리는 감성적 이념을 향한 상징적 반성이거나 최고선을 향한 합목적적 반성이다.

3. 따라서 칸트 윤리학을 '덕 윤리 대 의무의 윤리'라는 이분법적 구도 아래에서만 접근하는 것은 공평하지 못하다. 칸트는 분명 고대의 덕 윤리가 근대적인 의무의 윤리로 이행하는 전환점이 되었지만 결코 거기에 그치지 않았다. 새로운 법칙 개념을 중심으로 인간의 인격적 존엄성을 입증하고자 했으며, 이를 통해 새로운 자유의 개념을 중심으로 무한한 자기 도야의 이념을 가리켰다. 이런 점에서 칸트는 그 어떤 고대의 저자 못지않게 개인의 도덕적 역량을 향상하는 데 관심을 기울인 위대한 덕 윤리의 옹호자라 할 수 있다. 칸트의 이런 측면은 그의 윤리학 관련 마지막 작품인『윤리형이상학』(1797)에서 잘 드러난다.

4. "우리에게 직접적으로 의식되는 것은 도덕법칙이다. 도덕법칙은 우리에게 맨 처음 주어지는 것이다. 이성은 도덕법칙이 어떠한 감성적 조건에 의해서도 압도되지 않는, 도대체 그런 것에 대해서는 전적으로 독립적인 규정 근거임을 보여줌으로써, 바로 자유의 개념에 이른다." -『실천이성비판』전집 5권 29~30쪽.

5. 예지계(mundus intelligibilis): 인식론적인 관점에서 감각 경험을 통해서는 절대 들어갈 수 없고 오로지 초감성적인 능력, 지성이나 이성으로만 짐작할 수 있는 세계를 말하며, 존재론적인 관점에서는 현상 배후에 놓여 있다고 하여 본체라 한다.

6. 정언명법(categorical imperative)이 무조건적인 명령을 말한다면 가언명법(hypothetical imperative)은 상위 조건이나 목적을 위한 명령을 말한다. 칸트는 도덕법칙이 정언명법으로 표현된다는 점을 기타의 행위 원칙과 구별되는 특징으로 보았다.

7. 카프카의 소설 『법 앞에서』(1914)에는 칸트 윤리학에 대한 풍자가 담겨 있다.

8. '욕망'의 독일 원어는 'Begierde'인데, 국내 칸트 번역에서는 종종 '욕구'라 하기도 한다.

9. "선악의 개념은 도덕법칙에 앞서서가 아니라 오히려 도덕법칙에(의) 따라서(뒤에) 도덕법칙에 의해서 규정될 수밖에 없다." – 『실천이성비판』 전집 5권 63쪽.

10. "그러므로 도덕법칙에 대한 존경은 하나의 지성적인 근거로 인해 생긴 감정으로, 이 감정은 우리가 완전히 선험적으로 인식하는, 그리고 그것의 필연성을 우리가 통찰할 수 있는 유일한 감정이다." – 『실천이성비판』 전집 5권 73쪽.

11. 성리학의 경(敬)과 칸트의 존경을 비교하는 논의로는 김상환, 『김수영과 논어』(북코리아, 2018), 253쪽 이하 참조.

3부 칸트의 미학 혁명 – 근대 예술의 정초『판단력비판』전반부

1. **심미적 판단(aesthetic judgment)**: 아름다움을 대상으로 하는 취미 판단 (judgment of taste)과 숭고한 크기를 대상으로 하는 숭고 판단(judgment of the sublime)이 있다. 칸트 연구자들 사이에서는 '미감적(美感的) 판단'이라는 번역어가 사용되기도 한다.

2. **감성적 이념(aesthetic idea)**: '감성적 이념' 대신 많은 경우 '미감적 이념'이라는 번역어가 사용되기도 한다. 원래 감각적인 것을 가리키던 그리스어 '아이스테시스(aisthesis)'가 언젠가부터 아름다움의 체험과 관련된 감성적인 요소를 의미하여 '미학적인 것'으로 고쳐서 번역되었는데, 이상의 두 가지 의미를 모두 반영하기 위해 '미감적'이라는 번역어를 사용하게 된 것이다. 이 책에서는 이 어색한 표현 대신 '감성적 이념'이라 옮기겠다.

3. "인에 거주하는 것이 아름다움이다. 인에 거처하는 것을 선택하지 않는다면, 어찌 지혜롭다 하겠는가(里仁爲美. 擇不處仁, 焉得知)?" – 『논어』, 이인(里仁) 편.

4. 이 점에 대한 자세한 논의는 Salim Kemal, *Kant's Aesthetic Theory*(London: Macmillan, 1992), 2~4장 참조.

5. "오히려 이 필연성은 심미적 판단에서 생각되는 필연성으로서 단지 견본적인 것이라고 불릴 수 있다. 다시 말해 그것은 우리가 제시할 수 없는 보편적 규칙에 대한 하나의 실례와 같은 것으로 간주되는 한에서 그 판단에 대해 만인이 동의한다고 하는 필연성이다." – 『판단력비판』 §18.

6. 앞에서 칸트의 인식능력 이론이 인공지능 시대에 가장 적합한 심리 이론일 수 있다고 했는데, 그의 공통감 이론도 이런 관점에서 바라볼 필요가 있다. 인공지능 로봇 연구자들에 따르면 로봇은 사람이 잘하지 못하는 연산이나 기억 등에는 뛰어나지만 균형을 잡거나 민첩하게 움직이는 등 사람이 잘하는 것은 제대로 수행하지 못한다. 여러 기능을 통합 및 조율하는 것이 로봇

에게는 어렵다는 것이다. 칸트가 말하는 공통감은 일차적으로 서로 다른 인식능력들이 조화로운 통일을 이루도록 조율하는 능력을 의미한다. 이런 공통감 개념은 인공지능 시대에 활용할 수 있는 철학적 개념들 중의 하나라 할 수 있다.

7. "그러나 공통감이란 말로는 공동체 감각의 이념을 뜻하지 않으면 안 된다. 다시 말해서 흡사 전체 인간 이성에 자기의 판단을 의지하고, 그렇게 함으로써 자칫 객관적이라고 여겨질 수 있는 주관적인 사적 조건들로 인해 그 판단에 해로운 영향을 줄지도 모르는 환상에서 벗어나기 위하여, 자기의 반성에서 다른 모든 사람의 표상방식을 사유 속에서 (선험적으로) 고려하는 하나의 판정능력의 이념을 뜻하지 않으면 안 된다." –『판단력비판』§40.

8. 상호주관성(intersubjectivity): 하나의 주관을 초월하여 다수의 주관에 공통의 우리로서 성립한 상호관계를 가리킨다. 이 관계는 사회관계를 근거 짓고 객관성의 기저를 이루는 것으로서 후설의 현상학에서 중요한 역할을 한다.

9. 독일낭만주의(German Romanticism): 계몽주의에 대항하여 18세기 말~19세기 초까지 사변적, 형이상학적 경향을 주장했던 독일 정신사의 주요 흐름으로, 대표적인 철학자로 셸링이 있다.

10. 미적 국가의 이념(idea of aesthetic state): 실러에 의해 처음 제시되고 독일낭만주의자들이 계승한 정치철학의 이념으로 진선미 중에서 미가 최고의 가치이고 예술적 유희와 소통이 인간관계의 모델이 되어야 한다는 생각에 기초를 둔다. 프리드리히 폰 실러, 『미학 편지: 인간의 미적 교육에 관한 실러의 미학 이론』, 안인희 옮김(휴먼아트, 2012) 참조.

11. 한나 아렌트, 『칸트의 정치철학 강의』, 김선욱 옮김(푸른숲, 2002) 참조. 어떤 주석가에 따르면 칸트적 의미의 심미적 반성 판단 속에서 경험되는 것은 영원히 상실된 신화적인 공통감에 대한 뼈아픈 기억이자 애도다. 심미적 체험 속에서 우리가 발견하는 것은 이상적인, 그러나 지금은 사라져버린 공동체의 흔적이며, 그것이 주는 쾌감은 그런 공동체에 대

한 회상에서 온다. 이런 의미에서 칸트의 미학은 '추도의 미학(memorial aesthetics)이다. J. M. Bernstein, *The Fate of Art. Aesthetic Alienation from Kant to Derrida and Adorno*(Cambridge: Polity Press, 1992), 1장 참조.

12. 원래 '대지 위에 시적으로 거주한다(poetic dwelling on the earth)'는 것은 횔 덜린의 정치-시학적 이념으로, 만년의 하이데거는 이 이념으로 돌아가 테 크놀로지 시대의 존재론적 궁핍을 이겨내고자 했다.

13. 아방가르드(avant-garde): 기존의 예술 관념이나 형식에서 벗어나 비이성주 의에 근거해 혁신적 예술을 추구한 경향을 말하며, 20세기 초 유럽을 중심 으로 일어난 표현주의, 입체주의, 초현실주의 등이 해당된다.

14. 이미지 없는 사유(pensée sans image): 사유의 이미지(image de la pensée)란 철 학에 앞서 무의식적으로 전제된 사유의 좌표, 방향, 체계들을 의미한다. 이 와 반대로 이미지 없는 사유는 미리 전제된 사유의 이미지가 없이 발생하는 사유를 말한다. 들뢰즈의 『차이와 반복』에 나오는 용어다.

15. 이 점에 대한 천착으로는 J.-F. Lyotard, *Leçons sur l'analytique du sublime*(Paris: Galilée, 1988) 참조. 리오타르는 포스트모더니즘의 핵심을 숭 고의 미학과 연결하는 대표적인 철학자다.

16. 질 들뢰즈, 『칸트의 비판철학』, 92~95쪽 참조.

17. 추의 미학: 예술의 표현 내용이 미적 형식을 파괴하는 가운데 숭고, 힘, 비 장(悲壯) 등의 정서적인 반응을 일으킬 때의 미적 감정을 말하며, 예술작품 에서 미를 한층 복잡하고 풍부하게 만드는 요소다.

18. "숭고한 것이란 그 표상이 마음으로 하여금 자연의 도달 불가능성을 [도덕 적] 이념들의 현시로 생각하도록 규정하는 (자연의) 대상이다."『판단력비 판』, 「심미적인 반성적 판단들에 대한 일반적 주해」.

1. 자세한 설명은 김상환,『근대적 세계관의 형성: 데카르트와 헤겔』(에피파니, 2018), 제1부「근대적 세계관」참조.

2. 자연목적체: 독일 원어는 'Naturzweck'이고 영어 번역어는 'natural purpose'다. 한글 번역에서는 '자연목적'이라 옮기는 것이 보통이다. 그러나 이런 즉자적인 번역은 많은 혼동을 낳는다. 왜냐하면 칸트가 이 말로 가리키는 것은 어떤 이상적인 생명체나 유기체이고, 따라서 이러저러한 종류의 목적들 중의 하나가 아니기 때문이다. 이런 이유에서 여기서는 칸트의 'Naturzweck'을 '자연목적체'로 옮긴다. 자연목적체는 처음부터 자기 안에 목적을 지닌 사물을 말한다.

3. 자세한 설명은 J.-F. Marquet, "Kant et l'inconditionné"(1999) in *Restitutions: études d'histoire de la philosophie allemande*(Paris: J. Vrin, 2001), 7~17쪽 참조.

4. 이런 전회는 '절대적 체계'라는 새로운 체계 개념의 발견과 더불어 완성된다. 일반적인 의미의 체계는 사유하는 주체에 의해 수동적으로 구축되는 어떤 것이다. 반면 셸링과 헤겔이 제시하는 절대적 체계는 사유하는 주체를 대신해서 체계 자체가 주체인 체계, 체계가 주체로서 자신의 내용을 스스로 구성해가는 체계다. 통속적인 체계에서는 주체와 체계 혹은 형식과 내용이 서로 분리되어 있거나 외면적인 관계에 있다. 반면 절대적 체계에서 둘은 동일하거나 주체의 운동이 체계의 운동에 의해 점진적으로 대체 및 소멸된다. 이 점에 대해서도 J.-F. Marquet, "Système et sujet chez Hegel et Schelling"(1968), 같은 책, 153~164쪽 참조.

5. Robert Wicks, *Kant on Judgment*(London: Routledge, 2007), 208~209쪽, 219~210쪽, 237~238쪽 참조.

6. "인간은 지성을 소유하고 그래서 자신의 의사대로 목적을 세울 수 있는 능

력을 가진 지상의 유일한 존재자인 까닭에 확실히 자연의 주인이라 불릴 자격이 있고 (…) 그의 사명에 있어 자연의 최종 목적인 것이다. 그러나 그것은 인간이 (…) 자연과 그 자신에게 그런 목적 관계를 부여할 의지를 가지고 있으며, 그러한 목적 관계가 자연에 독립적이며 자기 충족적이고, 그래서 전적으로 자연 중에서 찾아져서는 안 된다는 조건에서만 그러하다. (…) 유능성이란 스스로 목적들을 세우고 (자기의 목적을 규정함에 있어서 자연에 의존하지 않고서) 자연을 자기의 자유로운 목적들 일반의 준칙들에 알맞게 수단으로 사용할 수 있음을 말한다. 즉 그것은 자연이 그것의 밖에 놓여 있는 궁극 목적에 관하여 이행할 수 있는 것이고, 그러므로 이것은 자연의 최종 목적으로 간주될 수 있다. 이성적 존재자의 임의적인 목적들 일반에 대한 (따라서 그의 자유에 있어서의) 유능성을 산출하는 것이 문화다. 그러므로 문화만이 인류를 고려하여 자연에 부가할 이유를 갖는 최종 목적일 수 있다." -『판단력비판』§83.

7. 정상 과학(normal science): 토마스 쿤이 『과학혁명의 구조』에서 제시한 개념으로, 당대의 학문적 규범과 과학적 성취에 확고한 기반을 둔 연구 활동을 말한다.

8. 헤르더는 칸트의 강의를 열심히 듣고 기록한 학생이었다. 칸트는 그런 제자의 재능을 알아보고 커다란 신뢰와 기대를 품었다. 현재 남아 있는 칸트의 초기 강의록은 헤르더의 노트에 기초할 정도다. 헤르더는 30세 이후 학술원 공모의 학술상을 수상하면서 명성을 얻고 많은 저서를 집필하면서 독자적인 사상을 펼쳤다.

9. 칸트의 역사철학 관련 저작으로는 『칸트의 역사철학』, 이한구 옮김(서광사, 2009)과 『영구 평화론』, 이한구 옮김(서광사, 2008)이 있다.

참고문헌

칸트

1. I. Kant, *Kritik der reinen Vernunft* (1781/1787), 학술원 전집3/4권, Berlin: de Gruyter, 1911.

2. I. Kant, *Grudlegung zur Metaphysik der Sitten* (1785), 학술원 전집4권, Berlin: de Gruyter, 1911.

3. I. Kant, *Kritik der praktischen Vernunft* (1788), 학술원 전집5권, Berlin: de Gruyter, 1915.

4. I. Kant, *Kritik der Urtheilskraft* (1790), 학술원 전집5권, Berlin: de Gruyter, 1915.

5. 임마누엘 칸트, 백종현 역, 『순수이성비판』, 아카넷, 2006.

6. 임마누엘 칸트, 백종현 역, 『윤리형이상학 정초』, 아카넷, 2005.

7. 임마누엘 칸트, 백종현 역, 『실천이성비판』, 아카넷, 2004.

8. 임마누엘 칸트, 백종현 역, 『판단력비판』, 아카넷, 2009.

9. 임마누엘 칸트, 이한구 편역, 『역사철학』, 서광사, 2009.

10. 임마누엘 칸트, 이한구 역, 『영구 평화론』, 서광사, 2008.

기타

1. Bernstein, J. M., *The Fate of Art. Aesthetic Alienation from Kant to Derrida and Adorno*, Cambridge: Polity Press, 1992.

2. Cassirer, E., *Kant's Leben und Werke*, Darmstadt: Wissenschaftliche Buchgesellschaft, 1975.

3. Cohen, H., *Kants Theorie der Erfahrung*, Berlin: Cassirer, 1918.

4. Derrida, J., *Marges de la philosophie*, Paris: Minuit, 1972.

5. Heidegger, H., *Kant und das Problem der Metaphysik*, Frankfurt am Main: V. Klostermann, 1973.

6. Kemal, S., *Kant's Aesthetic Theory*, London: Macmillan, 1992.

7. Lyotard, J.-F., *Leçons sur l'analytique du sublime*, Paris: Galilée, 1988.

8. Marquet, J.-F., *Restitutions: études d'histoire de la philosophie allemande*, Paris: J. Vrin, 2001.

9. Philonenko, A., *Études kantiennes*, Paris: J. Vrin, 1982.

10. Wicks, R., *Kant on Judgment*, London: Routledge, 2007.

11. 김상환, 『근대적 세계관의 형성』, 에피파니, 2018.

12. 김상환, 『김수영과 논어』, 북코리아, 2018.

13. 백종현, 『한국 칸트사전』, 아카넷, 2019.

14. 질 들뢰즈, 김상환 역, 『차이와 반복』, 민음사, 2004.

15. 질 들뢰즈, 서동욱 역, 『칸트의 비판철학』, 민음사, 1995.

16. 프리드리히 폰 실러, 안인희 역, 『미학 편지: 인간의 미적 교육에 관한 실러의 미학 이론』, 휴먼아트, 2012.

17. 한나 아렌트, 김선욱 역, 『칸트의 정치철학 강의』, 푸른숲, 2002.

18. 황경식, 『덕 윤리의 현대적 의의』, 아카넷, 2012.

KI신서 8221

왜 칸트인가

1판 1쇄 발행 2019년 6월 26일
1판 11쇄 발행 2024년 10월 10일

지은이 김상환
펴낸이 김영곤
펴낸곳 ㈜북이십일 21세기북스

서가명강팀장 강지은 **서가명강팀** 강효원 서윤아
출판마케팅팀 한충희 남정한 나은경 한경화 정유진 백다희 최명열
영업팀 변유경 김영남 전연우 강경남 최유성 권채영 김도연 황성진
디자인 THIS-COVER
제작팀 이영민 권경민

출판등록 2000년 5월 6일 제406-2003-061호
주소 (10881)경기도 파주시 회동길 201(문발동)
대표전화 031-955-2100 **팩스** 031-955-2151 **이메일** book21@book21.co.kr

(주)북이십일 경계를 허무는 콘텐츠 리더

21세기북스 채널에서 도서 정보와 다양한 영상자료, 이벤트를 만나세요!
페이스북 facebook.com/jiinpill21   포스트 post.naver.com/21c_editors
인스타그램 instagram.com/jiinpill21   홈페이지 www.book21.com
유튜브 youtube.com/book21pub
서울대 가지 않아도 들을 수 있는 **명강**의! 〈서가명강〉
유튜브, 네이버, 팟캐스트에서 '서가명강'을 검색해보세요!

ⓒ 김상환, 2019

ISBN 978-89-509-8178-5 04300
      978-89-509-7942-3 (세트)